Selección de mis versos

Letras Hispánicas

Carlos Bousoño

Selección de mis versos

Edición del autor

SEGUNDA EDICION

EDICIONES CÁTEDRA, S. A. Madrid

Cubierta: José Luis Toribio

© Carlos Bousoño
  Ediciones Cátedra, S. A., 1982
  Don Ramón de la Cruz, 67. Madrid-1
  Depósito legal: M. 3.650.—1982
  ISBN: 84-376-0224-6
  Printed in Spain
  Impreso en Artes Gráficas Benzal, S. A.
  Virtudes, 7. Madrid-3
  Papel: Torras Hostench, S. A.

Índice

Noche del sentido

Invasión de la realidad

Oda en la ceniza

LAS MONEDAS CONTRA LA LOSA

Introducción

Propósito de estas páginas

Me propone la Editorial Cátedra hacer una selección de poemas míos, a los que habría de anteponer unas páginas introductorias. Puede ser incitante para un autor buscar, de entre las figuras posibles que de sí mismo pueda dar en una Antología, aquélla que le parezca más compatible con sus propios gustos actuales, que suelen ser, de algún modo, los del momento histórico en que se está, de manera que acepté con gusto el encargo. En cuanto a la «Introducción» a que me había de comprometer era, en el presente caso, una tarea especialmente arriesgada: resulta muy difícil hablar de uno mismo con cierta extensión, como se me pide, sin producir una impresión de extrema petulancia. Interpreto, pues, la indicación editorial en el sentido de que diga, en unas páginas, precisamente aquello que el crítico normal no está, por definición, en condiciones de establecer: aludo a aquellas realidades que son, en el autor, precisamente, experiencias íntimas. Se trataría, en tal caso, de forjar, en la medida de lo posible, una crítica o autocrítica realizada desde dentro y no desde fuera, para lo cual, claro es, la descripción de la propia obra, en sus líneas esenciales, sería, en principio, indispensable, pero no el propósito primordial. Lo que importaría más sería, por tanto, aquello que el autor habría de saber con una plenitud de certidumbre que ninguno de sus lectores o críticos podría alcanzar: las intenciones artísticas que movieron o inmovilizaron su pluma; las repulsiones de esa misma índole; quizás el por qué de unas y otras; ciertas circunstancias íntimas que favorecieron las actitudes fundamentales del artista, etc. Tal es lo que de entrada, en alguno de sus puntos, me parece digno de ser expuesto.

Mi posición personal frente a la poesía social de mi generación

Con esto, penetramos como de refilón, en un tema que, por otros motivos, podría acaso suscitar en alguien curiosidad, y no sé si aún un interés de más calado. Me refiero a mis relaciones con la poética de mi propia generación. Ésta ha sido, con algunas excepciones, una generación que quiso tratar desde el verso los problemas políticos y sociales; por el contrario, mi poesía, cantó, en todo momento, desde supuestos distintos y se propuso otras metas. ¿Qué motivaciones profundas me movieron a tan alto grado de independencia con respecto a muchos de los poetas de mi tiempo? Creo que debo comenzar por responder a esta pregunta.

Las razones que me impulsaron a discrepar de mis coetáneos, y seguir, en cuanto a este importante pormenor, un camino divergente al que ellos, en su mayoría, siguieron, son muy simples: yo tenía y sigo teniendo acerca de la naturaleza de la poesía, y en general acerca de la naturaleza del arte y de su misión, una idea absolutamente contraria a la que otros poetas de mis años dieron repetidas muestras de sustentar. No he podido creer nunca que el arte deba proponerse fines pragmáticos, aspirando nada menos que a «modificar el mundo», como literalmente decían, una y otra vez, los poetas sociales coetáneos míos, poetas cuyas pretensiones, como se ve, no eran leves. Lo raro es que, tras el descrédito de la obra literaria de tesis en el siglo pasado, se haya podido incurrir de nuevo en una actitud que en nada se le diferenciaba, nacida de lo que estimo ser un idéntico error por lo que toca a la índole de los fenómenos estéticos. No

14

puedo detenerme aquí a considerar este punto, pues ya lo he hecho, con alguna precisión, quizás, en lugar más propicio. Pero sí cabe aducir, aunque sin el aparato discursivo que en ese otro sitio justificaba, si no me engaño, el aserto, la conclusión, por otra parte nada nueva en sí misma (la novedad, de existir, radicaría, justamente, en las argumentaciones que aquí me veo obligado a silenciar) de que esas páginas mías se hacían portadoras: el carácter puramente contemplativo y apráctico de la obra artística. Para que algo resulte estético es preciso suprimirle, si lo tiene (caso, por ejemplo, de un útil: digamos, un automóvil), aunque sea durante un momento, en un como parpadeo de la imaginación, su practicidad. Tratándose de poesía, la practicidad vitanda es, sin duda y por lo pronto, el mundo de lo conceptual, en cuanto que el concepto se refiere como fin a un objeto. La practicidad es, pues, ese plano en el que el concepto asoma como verdadero o como falso. Kant, nadie lo ignora, decía (desde otros supuestos y muy distintas aserciones) que la belleza es una finalidad sin fin. En poesía puede haber, en ese sentido, *aparentes* conceptos, pero no *auténticos* conceptos, ya que los conceptos que hay, aunque digan algo que responda a las exigencias de la objetividad, no están ahí, en el poema, con esa pretensión impertinente. He afirmado en mi *Teoría de la expresión poética* que en el poema nunca recibimos verdades, puesto que para recibir una verdad debemos antes preguntarnos, explícita o implícitamente, si aquello es, en efecto, verdad, y contestar de modo afirmativo. Pero he aquí que ante un poema (o *mutatis mutandis,* ante una obra de arte) nunca nos hacemos esa pregunta, sino esta otra: ¿es posible que esto que leo lo diga un hombre sin dar pruebas de deficiencia humana, esto es, lo diga un hombre de un modo que en mi libro citado he llamado «asentible»? Y como nuestra interrogación se refiere a posibilidades, verosimilitudes, al responder con un «sí» recibimos verosimilitudes, posibilidades, pero nunca verdades, aunque se trate de cosas que dichas fuera del poema tengan de hecho ese carácter. Son verdades pero no nos llegan como tales, porque no las hemos cuestionado en esa dirección. Los conceptos ya no son conceptos genuinos, puesto que se les arranca su decisiva raíz práctica, que es la veracidad, y flotan o resbalan entonces, desraizados, libres, en el mundo, tan otro, de la imaginación.

Se comprende que pensando así (y repito que mis actuales afirmaciones requerirían para su plena expresividad el aparato justificativo de que aquí he tenido que prescindir) no haya podido inscribirme en la larga lista de los poetas sociales, mis contemporáneos. ¿Cómo iba yo a creer que el verso debía «modificar el mundo», si la poesía, en mi criterio, no consiente siquiera retener, en su tejido verbal, la practicidad, mucho menos acuciante, que el hecho de ser verdadera una verdad lleva consigo? Dijimos, en efecto, que las verdades han de perder, en el poema, su pragmatismo, esto es, han de perder, justamente, la veracidad que las constituye, convirtiéndose en meras verosimilitudes, para, al hacerse aprácticas, poder ingresar en el reino, puramente contemplativo, del arte.

No quiero con esto dar a entender que no sea perfectamente posible el tratamiento artístico de los temas sociales. Ese tratamiento será estéticamente válido, siempre que no enseñe la oreja la intención proselitista de un autor que didácticamente quiere aleccionarnos. El tema social, si desea ser artístico, debe aparecer, como contenido de la obra, en la misma forma de emoción desinteresada que los otros temas no sociales ostentan, por mucho que nos interese, en cuanto ciudadanos, tal cuestión. Pero dado el manifiesto fracaso de la poesía social en nuestra patria, no parece que tal desinterés estético sea fácil de conseguir. No es cosa mollar, en efecto, presentar de un modo no sectario o partidista, y apráctico, lo que tanto nos apasiona como «partido» precisamente en nuestras vidas y lo que es de suyo una pura práxis.

Y si yo no he sido, en definitiva, poeta social, pese a un reducido puñado de poemas a España que existen en mi obra ¿en qué ha podido consistir la fidelidad de ésta al tiempo histórico que le ha tocado en suerte? La poesía social era, sin duda, una de las posibilidades expresivas de mi generación, acaso la más difícil de realizar sin caer en el didactismo pragmático que impide, de raíz, en nuestra interpretación, la existencia de lo estético. Pero esa posibilidad no era la única posibilidad. Mi obra se constituyó al hilo de otra de las opciones literarias, históricamente, a la sazón, hacederas. Me refiero a lo que con un término no muy preciso, pero rápidamente comprensible, llamaríamos existencialidad, o, incluso, existencialismo.

He dicho más de una vez que la historia del arte es la historia de lo que en cada momento se considera como «la verdadera realidad». Es la «verdadera realidad», y no otra cosa, lo que artistas, filósofos, etc., intentan expresar en sus obras. Ahora bien: ese elemento al que llamamos «realidad verdadera» no es fijo, sino esencialmente mudadizo en las sucesivas edades, ya que se halla en relación con otro elemento de idéntica movilidad más hundido aún: el grado de individualismo que caracteriza a cada tiempo cultural, fruto, claro es, del acaecer histórico, por definición siempre cambiante. Pues bien: mi generación ha protagonizado, pienso, una de las mutaciones más decisivas a este propósito. La generación anterior a la mía fue, en mi cuenta, la generación del 27, en la que hacía aún de «verdadera realidad», no el yo, como entre los romáticos, pero sí lo intrasubjetivo como tal, el flujo de la conciencia. Fue la última generación, en este sentido, idealista. Tras ella, la «realidad verdadera» iba a recuperar tanto el «yo» como el «mundo»: se tratará del «yo-en-el-mundo», «el hombre entre la gente», «el individuo en cuanto miembro de una sociedad», «la persona como situada». Fijémonos bien en esto: si la «verdadera realidad» es la que acabo de decir, es evidente que podrán derivarse de ella varios tipos de poesía, de las que sólo enumeraré los tres fundamentales que admiten, claro está, combinaciones diversas entre sí: 1) la poesía social y política, ya que, en tal consideración, el hombre aparece como eminentemente social. Pero cabrán también sin duda, otras direcciones artísticas, pues; 2) el hombre en la circunstanca concreta es el hombre de todos los días, el hombre asimismo concreto. Se desarrollará, en tal supuesto, una literatura realista, que se ocupará de los problemas y sentimientos del hombre que nace, vive y muere en un determinado lugar del globo terráqueo, que tiene acaso mujer e hijos, que cree o no cree en Dios y que hace esto o lo otro.

3) Se hace posible también una poesía existencial y hasta existencialista en sentido propio, en la que podrá imponerse o no, como predominante, una reflexión metafísica. Si la situación, mundo o circunstancia me conforma con esencialidad es que yo no vengo hecho al mundo. Tendré que hacerme yo a mí mismo, a través de un proyecto de vida; forjar no sólo mi propio destino, sino, lo que es más grave, mi propia naturaleza, de la que entonces habré de responsabilizarme. Pero si vivir es responsabilizarse, toda vida será, desde su raíz, ética. Ahora bien: al lado de este nuevo eticismo que invadió, efectivamente, la poesía de los últimos años, habrá de surgir la angustia, compañera de la libertad en que el hombre consiste, ya que consiste en ética elección de sí mismo frente a una circunstancia. Y como la angustia es un sentimiento inconfortable y pantanoso, se intentará desesperadamente salir, acaso sin éxito, de ella hacia suelos de mayor firmeza, que pueden ser, sin duda, sociales, pero que podrán ser, asimismo, religiosos.

La intuición radical de mi poesía: la vida como
«primavera de la muerte»

Como se ve, eran varias las direcciones poéticas hacederas en ese período en que yo hube de realizarme como
escritor. Y conste que el examen que de ellas acabo de
pergeñar, no ha sido, ni mucho menos, exhaustivo, pues
mi pretensión se limitaba aquí a señalar que la fidelidad
a un tiempo histórico tiene muchos nombres y tolera diversos caminos. Mi poesía eligió uno de ellos de entre el
conjunto de las nociones que acabo de exponer. Por lo
pronto, las percepciones de tiempo y angustia, unidas en
mí a un intento, fallido (salvo en mi primer libro) de salvación religiosa. La angustia existencial, al ser de suyo
inhabitable y fangosa, exige el arbitrio de sustentáculos
más sólidos y resistentes. Los poetas sociales los hallaron
en el sueño de la sociedad justa; otros poetas, y entre
ellos yo, hemos buscado la seguridad en el sueño religio-
so. Mis primeros versos la hallaron. Pero muy pronto la
fe se quebrantó y la seguridad fue imposible. El poeta
que he sido hubo de habitar desde entonces en lo inhabitable. Hice de la angustia mi casa, y desde esa mansión
cenagosa, clamé. Sin esperanza de Dios que me sustenta-
ra, el mundo se me apareció como *la nada siendo*. He
utilizado a propósito aquí esta fórmula, *«la nada siendo»*,
ya tópica y gastada en cierta jerga filosófica de los últimos decenios, pese a no ser la que con mayor exactitud
capta la intuición depositada, como dije, en mis versos.
Pues esa fórmula no expresa todo el valor, la positividad
que mi poesía atribuye a ese «siendo» de las cosas, al
ser de la realidad. He amado frenéticamente el mundo,
sabiéndolo perecedero, y por eso es la frase «primavera
de la muerte» (título de mi segundo libro y de ciertas
Poesías completas mías), y no la «nada siendo», la que
mejor puede incorporar la intuición que perdurablemente
se halla al fondo de mi vida y no sólo de mi poesía. Muerte o nada sería el mundo, pero en tanto que es, que está

ahí para nuestros ojos enamorados, para nuestro oído, para nuestro corazón y nuestra inteligencia, tiene un gran valor, un máximo valor. Es un cálido manantial, una fragancia irrenunciable, una suprema fuente de posibilidad, una luz, una «primavera». Una primavera, claro está, patética. Admirable y angustiosa, delicada y terrible. Entre esos dos polos (valor y desvalor, ser y nada, muerte y primavera) discurre toda mi poesía, hecha de opuestos que no se excluyen. Cada libro desarrolla esta idea, o, mejor dicho, este sentimiento, de modo distinto y con tonalidades y vibraciones diferentes. Y unas veces predomina el lado negativo de esa central impresión (lo que la vida tiene de mortal); y en otras ocasiones se acusa sobre todo el lado positivo (el reluciente «siendo», lo «primaveral» de la luminosa realidad); y aun en ciertos casos se presentan, en más compleja intuición, los dos haces contrapuestos, una luz, que sin dejar de ser luz con todas sus propiedades y valores, es, al mismo tiempo, aniquilación; o de otro modo, algo que consistiendo en suprema felicidad, consiste también en dolor, desazón y congoja.

De todas formas, de los dos elementos («muerte» y «primavera», o en la otra fórmula, «nada» y «ser») sólo uno es el esencial: la muerte, la nada. Por eso he dicho que la vida me fue una «primavera de la muerte», una «nada siendo». La noción de «primavera» y la noción «siendo» cumplen un mero oficio psicológicamente calificativo del sustantivo «muerte», del sustantivo «nada», en el que se apoyan.

Relaciones entre biografía e historia

Llegados a este punto, permítaseme decir algo personal en relación con el mencionado arranque de mi cosmovisión, es decir, en relación con la idea de «primavera de la muerte» o de «la nada siendo», que tanta importancia iba a tener en la génesis de mi obra. Tal vez esta consideración, aunque perteneciente a mi intimidad, pueda arrojar alguna luz sobre el arduo asunto de las relaciones entre lo biográfico y lo histórico en la concepción de las obras de arte. Recordemos: la «nada siendo». De esta noción, he dicho, en una versión especialmente inclinada a valorar el primaveral «siendo», ha nacido toda mi obra. Pero de esta misma noción, aunque en versiones diferentes, han nacido muchas obras, filosóficas, artísticas, etcétera, precisamente y no por casualidad, en el período histórico que me cupo en suerte vivir.

Ahora bien: ese germen temático y expresivo fue en mí resultado de la personalísima biografía que hube de protagonizar. No me refiero con esto a posibles traumas, etcétera, de que pude ser víctima en los primerísimos años de mi vida. Si tales traumas existieron no los conozco. Pero conozco, en cambio, el efecto en mí, probablemente en relación con esa ignorada zona de mi vida, de mi situación familiar entre 1933, fecha de la muerte de mi madre, y 1942, en que murió la vieja tía abuela bajo cuya vigilancia y cuidado hube de permanecer al quedar huérfano. El carácter de mi tía (y no, por supuesto, sus prendas morales) y el género de vida a que, a causa de su edad, me sometió, me hicieron vivir entre esas fechas, o sea, entre mis diez y mis diecinueve años, en una angustia incesante, en una extraña sensación de agonía y no ser, que había de sellar la forma interior de mi persona, digámoslo así, definitivamente. La muerte de mi tía y mi traslado a Madrid, me permitieron súbitamente recuperar el mundo, asumir con avidez la gracia de la luz y de la realidad, recibir en mi seno más íntimo la sensación infinitamente bienhechora de existir en el mundo. Y como yo venía de la oscuridad y de la privación, el contraste me llevó a experimentar ese existir como un existir total, pleno, glorioso. Me hice de este modo existencialmente apto tal vez para entender, no desde la razón, sino desde la vida, lo que es el anodadamiento y la existencia, el ser y la nada, y, sobre todo, su mutua relación, su trágico parentesco, su esencial afinidad y misteriosa referencia. Y ocurre que por las mismas fechas, aproximadamente, esas preocupaciones proliferaban en el

21

mundo. ¿Qué conexiones hay, pues, entre biografía e historia? Algunos momentos culturales se sienten sensibilizados, por razones históricas, para el tratamiento de ciertos temas, de ciertos sentimientos. Y ocurre que, en ese trance, sólo aquellos temperamentos que han pasado por experiencias muy determinadas y concretas, resultan hallarse preparados (por supuesto, con la diversa idoneidad que proporciona la distinta disposición que en cada caso se tenga) para formular y plasmar en una obra esas necesidades que la época como tal posee.

Biografía y visión del mundo

Es curioso constatar, de otra parte, el paralelismo entre biografía y visión del mundo. Pues el núcleo cosmovisionario que, encerrado en las fórmulas «primavera de la muerte» o «la nada siendo», centra y da sentido a mi poesía, admite varios enfoques posible, de los que mi poesía, curiosamente, acogió aquellos dos que venían previamente «preparados» psicológicamente en mí por la experiencia padecida que rápidamente esbocé hace un instante. Y así, las perspectivas desde las que mis versos se originaron fueron éstas: 1) el cántico de la realidad (yo, tú, el mundo) en cuanto contemplada desde la nada o muerte en que esa realidad habrá de desvanecerse (tal es la vista fundamental que toma el libro *Noche del sentido);* y 2), el cántico de esa misma realidad, pero mirada ahora en el instante actual, en el que justamente tal realidad se produce en todo el despliegue de su posible gracia o seducción (tal es lo que *Invasión de la realidad,* sobre todo nos hace conocer). Se produjo cronológicamente antes, como es de suponer, la posibilidad primera, y el mundo y cuanto el mundo contenía asomó, repito que en el libro *Noche del sentido,* como fantasmal, como pura apariencia, como sueño, con sus consecuencias expresivas de desdibujamiento o adelgazamiento de la materia verbal (léase «El amante viejo», «Cristo en la tarde», «La puerta», etc.). Y ocurre que así fue como yo había sentido el mundo en aquel importante lapso de mi inicial adolescencia que antes recordé. Pero también ocurre que el libro siguiente, *Invasión de la realidad,* vino a expresar, justamente, mis sentimientos posteriores acerca de la vida y del mundo, cuando tras mi llegada a Madrid, hube de sentir la realidad como gloriosamente recuperada y gozosa. La poesía, con años de retraso con respecto a la biografía (y esto creo que no ha ocurrido sólo en mi caso, sino en otros muchos, que convendría estudiar), venía a reproducir con precisión extraña, e incluso en su mismo sistema de prelaciones (por supuesto, sin que el autor se lo hubiese, en ningún sentido, propuesto), las experiencias que años atrás habían sido vividas por el poeta. Lo asombroso es que tan exacto paralelismo hubiese ocurrido sin que yo tuviese conciencia de ello. Solo hoy, reflexionando sobre lo acontecido, he podido llegar a advertir la oculta vinculación con que se entrelazan poesía y vida. Puesta tal vinculación al descubierto ya no nos asombra. Después de todo, el arte es, dijimos, contemplación desinteresada de las realidades psíquicas, y, por tanto, las grandes experiencias vitales que luego dan lugar a la obra poética necesitan tiempo para poder ofrecerse a la mirada del autor con el apracticismo que el arte exige. Mientras se vive (en cierto modo, y refiriéndonos a aquellas grandes experiencias de que he hablado), no se puede poetizar, o al menos es muy difícil hacerlo. Y así, cuando yo escribía *Noche del Sentido* había pasado ya por la experiencia que correspondía, no a ese libro, sino al siguiente, a *Invasión de la realidad.* Había pasado por ella, pero no podía expresarla aún, al no ofrecerse como hacedero contemplarla con desinterés. A mis ojos sólo les era dado percibir, de esa indispensable manera apráctica, que la poesía pide, la experiencia anterior, la de anulación, anodadamiento o disminución existencial. Sólo cuando la nueva imagen psíquica pudo ser vista por mí desde una necesaria lejanía y en una consideración, por tanto, sin intromisiones pragmáticas, surgió la posibilidad de que aquella materia vivida se convirtiera en esa otra cosa

23

que llamamos, cuando se consigue (no digo que ese sea mi caso) arte.

Pues, en efecto, el libro *Invasión de la realidad* significa, dentro de mi obra, la recuperación del mundo que *Noche del sentido* había humillado, de alguna manera, con el descrédito. Aparecen ahora las cosas, inciertas antes, neblinosas antes, como portadoras de significativa dureza y comprobable solidez; aparecen los colores («blancos, verdes, granates»); «la piedra, el cielo, el aire»; la hermosura del mundo. Tras la tiniebla, tras la miserable carencia y ceguedad, el gozo del universal amanecer, la asunción gloriosa de la luz y de la realidad, que triunfan al hacerse tangibles, comprobables precisamente con los sentidos. Aunque la verdadera esencia de las cosas siguiera siendo la nada y su existencia actual compareciese, por tanto, en precario ante mí, el mundo, milagrosamente, se rehacía a cada instante:

> Dejadme con las cosas
> también. Son realidades
> súbitas que se crean
> duras a cada instante.

(«Invasión de la realidad»)

> He aquí, pues, el redondo guijarro,
> su don fluvial, su incesante
> ser que se reconstruye
> continuamente, como el río o el mar

(«El guijarro», II)

y maravillosamente, sorprendentemente, íntegro o ruinoso (eso da igual), el mundo permanecía, duraba.

La mutación estilística de «Oda en la ceniza» y de «Las monedas contra la losa»

Lo dicho nos hace entender súbitamente la necesidad interna que, a la sazón, mi estilo hubo de experimentar de una profunda transformación en su estructura. Una vez que el poeta hubo llegado, en *Invasión de la realidad,* al reconocimiento del mundo y de sus contenidos como hondo valor y aun como encendida y coloreada dádiva, como hermosura de incesante e impensada recomposición y, por tanto, de incesante sorpresa y maravilla (frente a la cual se imponía el entusiasmo, aunque trágico o patético, a causa del otro plano socavador, que no se nos ocultaba); una vez alcanzada esta cota de esplendideces, nada más natural que ir, en los nuevos libros, hacia un estilo renovado que reflejase las peculiaridades de brillantez y sorpresa halladas, de este modo, en la realidad que se procuraba cantar. Lo cierto es que lo que ahora me venía sucesivamente a la pluma se hallaba estilísticamente remoto de cuanto yo hasta entonces había realizado en poesía. Puedo decir con toda verdad que mi nuevo estilo se constituyó ante mí sin ningún propósito previo. Lo que de él me resultaba más inesperado era la complejidad extrema de las expresiones y de las significaciones, su incesante cruce y entrecruce, y, efectivamente, la sorpresa verbal y de representación en que consistían, tan ajeno todo ello a mi anterior manera literaria. Nada de esto había entrado de antemano en mis cálculos: todo me era imprevisto. Y no sólo se me modificaba la entidad poemática, sino incluso mi manera de llegar a ella. Hasta entonces, los poemas me habían nacido, en la mayoría de los casos, como fruto de una determinada emoción encarnada en un ritmo, un ritmo sin palabras aún, vacío de significaciones. De pronto, ahora, el poema se originaba de otro modo: aparecía el verso movido en mí desde una noción capaz, en algún sentido, de producir sorpresa; una noción, a veces, especialmente paradójica, que podía ser una

25

simple idea, pero que las más de las veces consistía en una metáfora o en un símbolo. Y no un símbolo, metáfora o idea paradójica o sorprendentes cualesquiera: para seducirme e inducirme a escribir, era preciso que esas expresiones ostentasen capacidad de estallido, de desarrollo, de proliferación. Todos los procedimientos utilizados en mis dos últimos libros buscaban justamente eso. Se trataba de sacar de sus casillas al lector, de sobresaltarlo, sacudirlo de arriba a abajo, solivantarlo, maravillarlo (caso de que la pretensión estética se hubiese cumplido en algún momento y en la medida en que lo hubiese hecho). Cuando yo me sentaba a escribir, me resultaban atractivos aquellos hallazgos susceptibles de proporcionar al lector un incesante deslumbramiento semejante al que yo sentía frente al mundo, que, gloriosamente, en aquel mismo instante, en vez de nadificarse, como sería de esperar, sorprendentemente se rehacía, desplegando su gracia frente a mí. Y del mismo modo que ese mundo esplendoroso y rehecho encerraba la muerte, el estilo, si por un lado debía imitar, en lo hacedero y por mí alcanzable, el esplendor mismo y continua sorpresa con la que el mundo, a cada paso, inesperadamente me fascinaba con su reaparición, por otro debía poner ese esplendor y sorpresa (si al fin conseguidos en alguna proporción, aunque fuese incompleta y escasa), al servicio de la honda tragedia encarada. Mi estilo como tal aspiraba no sólo a *cantar,* sino a *ser,* de ese modo, aunque ignoro con qué éxito, una «primavera de la muerte». O de otro modo: mi estilo aspiraba a constituirse en símbolo de esta última concepción —la que acabo de entrecomillar.

Causa psicológica del nuevo estilo

Con todo esto no he explicado sino la causa estética de la mutación estilística, no la causa psicológica que me la hizo posible. Y es que si estos últimos libros míos representaran un desarrollo de mi poesía en el sentido de la intensidad, ello se debería probablemente a que, al fin, las dos actividades fundamentales de mi psique, que de algún modo andaban hasta la fecha como separadas y ajenas una a la otra (me refiero a mi tendencia emotiva y a la racional y analítica) rescindieron su hiato y saldaron su resquebrajadura. Por un lado, yo había sido el autor de la *Teoría de la expresión poética* y de ciertos libros de crítica literaria; por otro, un poeta que lo fiaba todo, o casi todo, a la emoción con que un pensamiento lineal se enunciaba. ¿A qué se debía este divorcio de mis dos mitades anímicas? Pronto lo habremos de examinar. Lo indudable es que sólo hacia los cuarenta años mi tendencia analítica se juntó definitivamente a mi capacidad emotiva, y el encuentro o soldadura de una mitad y otra de mi ser produjo como resultado, a partir de *Oda en la ceniza,* un nuevo estilo en el que un lector curioso podría reconocer, en el poeta que escribía sus versos con intención puramente poética, al teórico y crítico que forjaba sus tesis racionales con intención puramente doctrinal. No se trata, por supuesto, de que yo, de pronto, me haya puesto a hacer una «poesía de profesor», si es que tal engendro existe en el mundo. Se me concederá, supongo, que haber cultivado la crítica y el análisis del fenómeno poético habrá de servir, cuando menos, para, precisamente, no caer en el grosero error de confundir dos tareas tan entre sí diversas y otras como son el arte y la ciencia. Lo que insinúo no es, pues, tamaña aberración, sino el hecho, perfectamente ortodoxo y hasta conveniente, de que el poeta que escribe versos que se desean exclusivamente poéticos *sea el mismo hombre* que como científico emite teorías que se desean exclusivamente verdaderas y válidas como tales. Pues bien: esa unidad, en cuanto realidad perceptible, no se dio en mí, creo, hasta la madurez, ya aludida de mi edad, en que comenzó el tercer ciclo de mi producción, constituido por los libros *Oda en la ceniza* y *Las monedas contra la losa.* Como científico me ha caracterizado tal vez la tendencia al análisis minucioso de las realidades sometidas a estudio, descompuestas por mí, no sé con qué éxito, hasta sus mínimas partículas, a cuya consideración detenida sólo a continuación procedía;

o en otro sentido, la tendencia a remontarme, tampoco sé si con algún acierto, de causa en causa, hasta la que me parecía ser la más remota y originaria. En los dos casos, se trata de *una tendencia hacia lo exhaustivo,* un deseo de percepción meticulosa que no deje la menor porciúncula de realidad sin examen y consideración. Y a lo que iba: esta misma mente, acuciada por estas mismas exigencias analíticas, es la que actúa, me parece, en la redacción de los dos libros poéticos mencionados. Sólo que ahora lo que se analiza de ese modo acuciante y escrupuloso o completo no es un objeto real, sino una entidad imaginaria, fantástica, puramente metafórica. En cuanto surge en esos poemas una imagen o un símbolo, se le intenta extraer todas sus posibilidades. El plano irreal de las dicciones figuradas es objeto de largos y complicados desarrollos en los que el poeta procura explorar y obtener la totalidad, a ser ello hacedero, de sus implicaciones semánticas. O es, al revés, una realidad y no una irrealidad, la sometida a análisis: en este caso, la minucia analítica consiste en asaetearlo con incesantes símbolos, cada uno de los cuales nos dice algo, a su manera irracional, del objeto. En suma: hay en estos versos, una mente analítica en la que podemos acaso reconocer al hombre que también, en otras horas de su vida, hace o pretende hacer ciencia. Pero el análisis usa ahora medios y persigue fines *sólo poéticos.* O se indagan, con minuciosa racionalidad aparente símbolos, *irrealidades* (léase, por ejemplo, «Decurso de la vida» e «Investigación del tormento»); o se indagan minuciosamente las que se presentan en el poema como *realidades,* pero indagación realizada por medios irracionales, simbólicos, en cuyo caso el autor procede por acumulación: al mirar cualquier objeto real, como acabo de sugerir, el poeta lo examina en cada una de sus porciones a través de un símbolo diferente, de modo que una sola realidad es objeto de toda una muchedumbre o cortejo de esa clase de figuras, que en su conjunto nos lo ofrecen analizado y descompuesto en sus menudos átomos (así el poema «Era un poco de ruido»). En los dos casos (análisis racional de las irrealidades y análisis irracional de las realidades), el poeta no suelta su presa, sometida a morosa investigación, hasta que la ha visto pulverizada en sus diversos elementos constitutivos. Correspondientemente, los poemas, que, claro está, no suelen ser breves, se organizan alrededor de unas pocas oraciones de gran extensión, y a veces de una sola oración que ocupa la pieza entera. Naturalmente, en una poética analítica como ésta se había de imponer, sobre el verso tradicional antes generalmente usado, la ancha amplitud de un versículo que, en su más libre manifestación, pudiese albergar la interminable minuciosidad del análisis.

Y ahora permítaseme pasar a otra pregunta. ¿Cómo hubo de producirse en mí esta considerable transformación estilística sin que se modificase paralelamente y al propio tiempo el esquema esencial de mi visión del mundo, que perdura, en efecto, intacto? Las anteriores reflexiones nos proporcionan un dato: si mi último estilo refleja con mayor fidelidad que antes al hombre que soy, se sigue que con anterioridad algún obstáculo parece que habría de estar entorpeciendo, en cierta proporción, la expresión idónea de mi ser. Una de las causas tal vez sea la extraña lentitud, que he podido comprobar muchas veces, de mi desarrollo espiritual, que se ha complacido en demorarse perezosamente en sus diversas etapas, como si cada una de ellas hubiese de ser definitiva. Al lado de ésta, y completándola acaso, podríamos hallar otra causa distinta: la discrepancia entre una innata tendencia mía al vuelo de la imaginación y el realismo envolvente en la literatura de los años de la posguerra, que obraba en mí, no como una coerción externa, sino desde dentro, y, por tanto, con más eficacia, sujetando con mano firme y reteniendo la expansión de ciertas posibilidades expresivas de mi personalidad. El poeta vive su tiempo con fidelidad, que no nos obliga nunca a hacer lo que no queremos, sino que nos obliga precisamente *a querer* ciertas cosas, acaso opuestas a nuestras inclinaciones más naturales o espontáneas, las cuales quedan así como refrenadas, latentes. Un nuevo tiempo, con otras imposiciones íntimas, liberan la personalidad sofocada, que entonces se expresa, en el caso mejor, que no sé si es el mío, con una plenitud más cumplida. Y lo que de este modo se expresa es justamente aquello que antes no podía hallar expresión, y justamente porque no había podido hallarla. Era algo que dentro de mí estaba sin decir y urgido por la necesidad de ser dicho. De ahí que la visión del mundo, que antes no había alcanzado todas sus consecuencias estilísticas, y, por tanto, todas sus consecuencias semánticas (las correspondientes a ese nuevo estilo), permaneciese en lo esencial inalterable, aunque ahora viniera a sonar en un registro nuevo, más fiel, en nuestra hipótesis, a las cualidades que en cuanto hombre, me son con más radicalidad inherentes, además de serlo, según dije antes, al vivo meollo cosmovisionario («primavera de la muerte») que yo trataba de expresar desde el comienzo mismo de mi carrera de escritor.

Breve nota biográfica

Nací en Boal (Asturias) en 1923. Viví toda mi infancia y adolescencia en Oviedo, donde estudié el bachillerato y los dos primeros cursos de la carrera de Filosofía y Letras, que terminé en Madrid en 1946, año en que obtuve la licenciatura. A fines de ese año estuve en Méjico, donde vivía, a la sazón, casi toda mi familia. Fui en 1947 profesor en Wellesley College, cerca de Boston. Vuelto a Méjico, a fines de 1947, permanecí allí hasta febrero de 1948. Instalado de nuevo en España, obtuve el doctorado con una tesis sobre Vicente Aleixandre, que luego publicaron Ínsula y Gredos. Desde entonces he ido alternando el menester crítico y teórico con la creación poética. Desde 1950 he sido profesor en la Universidad Complutense de Madrid. En 1975 me casé y en 1977 nació mi primer hijo.

Bibliografía

LIBROS DE POESÍA

Subida al amor, Madrid, Hispánica, Adonais, 1943.
Primavera de la muerte, Madrid, Hispánica, Adonais, 1946.
Hacia otra luz (Subida al amor, Primavera de la muerte, En vez de sueño), Madrid, Ínsula, 1952.
Noche del sentido, Madrid, Ínsula, 1957.
Poesías completas, Madrid, Giner, Orfeo, 1960.
Invasión de la realidad, Madrid, Espasa-Calpe, 1962.
Oda en la ceniza, Barcelona, El bardo, 1967 (2.ª ed., Madrid, Ciencia Nueva, 1968).
La búsqueda, Valencia, Suplementos de Hontanar, Fomento de Cultura Ediciones, 1971.
Al mismo tiempo que la noche, Málaga, Cuadernos de María Isabel, 1971.
Las monedas contra la losa, Madrid, Alberto Corazón, editor, Visor, 1973.
Oda en la ceniza. Las monedas contra la losa, Buenos Aires, Losada, Biblioteca Clásica y Contemporánea, 1975.
Antología poética, Barcelona, Plaza y Janés, Selecciones de poesía española, 1976.

2

La poesía de Vicente Alexandre, Madrid, Ínsula, 1950 (2.ª ed., Gredos, 1956; 3.ª ed. —2.ª ed. de Gredos—, 1968; 4.ª ed. —3.ª ed. de Gredos—, 1977).

Seis calas en la expresión literaria española (en colaboración con Dámaso Alonso), Madrid, Gredos, 1971.

Teoría de la expresión poética, Madrid, Ínsula, 1952 (2.ª ed., Gredos, 1956; 3.ª, 1962; 4.ª, 1966; 5.ª, 1970; 6.ª, 1977).

El comentario de textos (en colaboración con varios autores), Madrid, Castalia, 1973.

El irracionalismo poético (el símbolo), Madrid, Gredos, 1977.

Superrealismo poético y simbolización, Madrid, Gredos, 1979.

Épocas literarias y evolución (Edad Media, Romanticismo, Época Contemporánea), Madrid, Gredos, 1980.

«El impresionismo poético de Juan Ramón Jiménez (una estructura cosmovisionaria)», *Cuadernos Hispanoamericanos,* octubre-diciembre 1973, núms. 280-282.

«Prólogo» a las *Obras Completas* de Vicente Aleixandre, Madrid, Aguilar, 1968.

«*Prólogo» a Poesía* de Claudio Rodríguez, Madrid, Plaza y Janés, Selecciones de poesía española, 1971.

«Prólogo» a *Poesía* de Francisco Brines, Plaza y Janés, Selecciones de poesía española, 1974.

«La poesía de Guillermo Carnero», prólogo a un libro de este poeta (Guillermo Carnero, *Ensayo de una teoría de la visión,* Madrid, Peralta, Hiperion, 1979).

«El término 'gran poesía' y la poesía de Vicente Aleixandre», *Papeles de Son Armadans,* 11, 1958.

«La poesía de Dámaso Alonso», *Papeles de Son Armadans,* 11, 1958.

«La poesía de Vicente Gaos», *Papeles de Son Armadans,* LV, 1960.

Algunos trabajos sobre Carlos Bousoño

Bousoño, Carlos, «Ensayo de autocrítica», en *Antología poética*, Plaza y Janés, Selecciones de poesía española, 1976.

Cano, José Luis, *De Machado a Bousoño*, Madrid, Ínsula, 1955.

— *Poesía española del siglo XX*, Madrid, Guadarrama, 1960, págs. 459-482.

— «Seis notas sobre la poesía de Carlos Bousoño», *Poesía española contemporánea (las generaciones de posguerra)*, Madrid, Guadarrama, 1974, págs. 58-92.

Jiménez, José Olivio, *Cinco poetas del tiempo: Vicente Aleixandre, Luis Cernuda, José Hierro, Carlos Bousoño, Francisco Brines*, Madrid, Ínsula, 1964.

— *Diez años de poesía española (1960-1970)*, Madrid, Ínsula, 1972, págs. 33-60 y 243-280.

— «Sobre monedas contra la losa», *Plural*, México, número 46, julio, 1975.

Facundo, Ana María, «La poesía de Carlos Bousoño, entre el ser y la nada», *Ínsula*, XXIV, 274 (1969), páginas 1 y 12.

Ilarraz, Félix, «Visión patética de la realidad en la poesía de Carlos Bousoño», *Proceedings of the Pacific Northwest Conference on Foreign Languages*, 17: 15, 1964, págs. 135-143.

Ley, Charles David, *Spanish Poetry since 1939*, The Catholic University of America Press, Washington, D. C., 1962, cap. 4, págs. 77-90.

Bonelli, Guido, «L'Estetica crociana e la Poetica di Carlos Bousoño», Napoli, *Revista di Studi croceani*, anno, XI, fasciolo IV, 1974; anno XII, fasciolo I-III, 1975.

Luis, Leopoldo de, «La poesía de Carlos Bousoño», *Papeles de Son Armadans*, 24, 1962, págs. 197-209.

Tomsich, María G., «Temas-símbolos, elementos de ligazón en la poesía de Carlos Bousoño, *Revista de Estudios Hispánicos,* vol. V, núm. 2, mayo 1971, The University of Alabama Press.

MANTERO, Manuel, «El tema de España en la poesía de Carlos Bousoño», *Agora,* 46-48, 1960, págs. 30-35.

BRINES, Francisco, «Carlos Bousoño: una poesía religiosa desde la incredulidad», *Cuadernos Hispanoamericanos,* febrero-marzo, 1977, núms. 320-321.

Autoantología

Subida al amor

I

EL DIOS NOCTURNO

A solas con mi Dios nocturno, a veces
me hundo en la noche, en el tranquilo reino.
Reposo entonces, y lo oscuro brilla
en el fondo del alma, junto al cielo.

Silencio puro. Mi Señor reposa.
Quietud solemne. Todo el fondo quieto.
Inmenso, Dios descansa sobre el alma
que le adora allá dentro.

Siga el reposo hasta que venga el día.
Con paz honda a tu lado, inmóvil, velo
tu celeste callar apaciguado
dentro del alma, en el silencio.

Oh oscura noche grave, oh Dios nocturno
que vas pasando por el alma lento
para después amanecer con clara
luz, con sonidos claros, claros vientos.

Pero siga el reposo y la nocturna
luz de la luna sobre el grave sueño.
Allá en el fondo calla el hombre, y se alza
la noche de los Cielos.

SÓLO QUIEN SE ENTREGA RECIBE [1]

SÓLO quien se entrega recibe.
Huele, quien renuncia al olfato,
un olor prodigioso. ¡Vive,
misterïoso desacato!

Y así, de pronto, asciende ya
de las rosas de primavera
fragancias de lo que será
en la cima de lo que era.

Y el alma, desde ese momento,
puede, en la variedad del mundo,
escuchar la canción del viento
y contemplar el mar profundo.

---

[1] Este poema fue escrito años después de finalizado el libro
Subida al amor; pero como pertenece indudablemente a su íntimo
venero, lo inserto ahora en el lugar que verdaderamente le hubiese correspondido.

CRISTO ADOLESCENTE

OH Jesús, te contemplo aún niño, adolescente.
Niño rubio dorándose en luz de Palestina.
Niño que pone rubia la mañana luciente
cuando busca los campos su mirada divina.

En el misterio a veces hondamente se hundía
mirando las estrellas donde su Padre estaba.
Un chorro de luz tenue al cielo se vertía,
al cielo inacabable que en luz se desplegaba.

Otras veces al mundo mirabas. De la mano
de tu Madre pasabas con gracia y alegría.
Pasabas por los bosques como un claror liviano,
por los bosques oscuros donde tu Cruz crecía.

Niño junto a su Madre. Niño junto a su muerte,
creciendo al mismo tiempo que la cruda madera.
Me hace llorar la angustia, oh Cristo niño, al verte
pasar por ese bosque, junto a la primavera.

LA TARDE DE LA ASCENSIÓN DEL SEÑOR

ERA la luz sobre la tarde,
última tarde, triste y plena.
Yo lo recuerdo. Tú ascendías.
Era la luz triste y serena.

Subías dulce y amoroso
como un envío de la tarde buena,
y a la luz serenabas, como un monte
la tarde puede serenar inmensa.

El mundo todo era un murmullo;
suave dolor, gemido era.
Ibas entre los aires delicado,
bajo la primavera.

Yo lo recuerdo. Una voz dijo:
«Fue como luz sobre la tierra.»
Luego el silencio invadió el aire
iluminado de tristeza.

Desde la tierra un niño contemplaba
apagándose arriba tu presencia.
Luego miró el crepúsculo, los campos.
Pasaba un ave. Tarde lenta.

II

LAS ALMAS

LA noche. El firmamento
se ha cubierto de almas.

Dios les envía luz,
serenidades, calmas.

Transparentes, visibles,
quietas están, doradas.

No hay estrellas. Luz sólo
de almas trémula baja.

Luz amarilla y dulce.
Luz tranquila. Luz larga.

Amarilla es la noche,
los llanos, las montañas,

el aire, la dulzura,
los rumores, las aguas...

Pájaros, vientos suben
a beber en las almas,

a anegarse de luz,
de suspiro. Se encantan

arriba, y ya no vuelven.
Son también luz extática.

Yo miro, miro, sueño.
Triste digo: «No bajan.»

LA TRISTEZA

TAL vez el mundo sea bello,
cuando el sol claro lo ilumina,
pero yo sé que hay hombres tristes
como la lluvia gris y fría.

Yo sé que hay hombres sobre cuyas almas
pasó de Dios quizá la sombra un día.
Pasó, y hoy queda sólo ausencia
en donde la tristeza brilla.

Hombres tristes en todos los caminos
con la tristeza pensativa.

Tal vez la aurora sea pura,
el aire delicado, claro el día.
Mas muchos hombres hay como la lluvia
oscura e infinita.

Escúchame, Señor. Mi voz hoy sólo
tiene palabras de melancolía.
Sobre la tarde inmensa cae la lluvia
monótona, fría.

TAL VEZ

YO he visto un puro adolescente
claro en la tarde, frente pálida.

Amaba el mundo, las colinas,
las altas aves, la distancia,

la luz, el viento, las estrellas:
frutos que al aire se doraban.

Yo le vi a veces hondamente
bajo la tarde serenada,

mirar las luces de poniente,
su paz lejana.

Tras el ocaso quizás el rostro
de Dios. Quizá su sombra o su nostalgia.

Tal vez su puño que se abría
tras de la luz tibia y callada.

Tal vez su mano dominando
sobre los hombres, plena y vasta.

JESÚS DE CAMINO [2]

«¡Miradle: es luz que nos viene!»
El crepúsculo se hundía.
Lentitud. Melancolía.
«¡Sólo tu amor me sostiene!»
Parado el aire, no tiene
sino sombra, sino hastío...
Él pasó. Cuerpo sin brío,
dolor. La sombra se adensa.
Nadie ya... Noche suspensa.
Quieto el horizonte frío.

---

[2] Recién terminado el libro *Subida al amor,* escribí este poema.
Aunque se publicó en el libro *Hacia otra luz,* 1952, pertenece de
derecho al cuerpo de mi primer libro, y como tal lo considero
ahora.

DUDA

CON la tristeza voy por los caminos,
con la tristeza, por la tarde.
Todo se dora al sol que arriba vive,
en el fondo puro del aire.

La llanura es inmensa. El aire, inmenso.
Todo callado y fulgurante.
Miro hacia adentro. El alma, triste,
allá en el fondo, inmenso, yace.

Un otro sol la alumbra débilmente.
Un sol que está apagándose.
El alma sueña quedamente inmóvil,
y la acaricia un aura suave.

Tal vez la última caricia,
la última brisa que se expande.
Por eso, triste, caminando,
miro el sol puro de la tarde.

Alma dormida allá en el fondo.
Alma que duerme y que no sabe.

Primavera de la muerte[3]

ALEGRE SOY...

ALEGRE soy: mi alma está desnuda.
¡Vedla dorada por el sol!
Es vuestra, amigos. Sólo quiero
que la queráis. Tomadla. Yo os la doy.

Amigos míos: sé que a vuestro lado
he de pasar sin que sepáis mi amor.

... A las aves y al viento daré el alba
que brota pura de mi corazón.

---

[3] He elegido de mi libro *Primavera de la muerte* unas cuantas composiciones que pueden representar, en esta Antología, la nota adolescente que tuvo cierto instante de mi voz juvenil.

VOSOTROS, HOMBRES, PESÁIS DUROS

VOSOTROS, hombres, pesáis duros
sobre la tierra con cuerpos inclementes,
con muertos cuerpos de materia ciega
donde empieza, total, la muerte.

Graves pesáis: la tierra no es luz buena.
Por eso vais, odiáis con duros dientes,
morís, mientras la tarde se redime
de vuestros cuerpos crueles.

Yo me redimo en las regiones puras,
en regiones de luz mi forma crece.
Llena el espacio, clara reina
entre los aires transparentes.

EN MI SANGRE QUIZÁ LLEVO MEZCLADO

EN mi sangre quizá llevo mezclado
el cielo azul de las nubes ligeras,
inconsútil espacio deleitoso
en donde la luz reina,

porque allá por el fondo de mi vida,
cual blanca luz que delicada tiembla,
a veces pasa, con secreto dulce,
toda la errante primavera.

ODA CELESTE

I

NO cantaré, no, la tristeza.
No puedo, no. No he de cantarla,
sino alegría que me sube
en una ola dulce y casta.

Me desarraigo de la tierra.
Voy como un sueño sin mañana.
Vivo en el aire, transparente.
Rozo en los vientos las montañas.

¿Quién puede verme si deliro
como la suave luz del alba,
tocando leve el ancho cielo,
su ancha tersura delicada?

Vedme animar los bosques puros
y susurrar entre las cañas.
Sonido soy tan sólo, dicha
para las verdes, frescas ramas.

III

SOY del espacio. Si vosotros
veis una forma que se aleja,
un alto rastro de caricias
que entre las frescas hojas juega;

si alta miráis en las regiones
celestes rauda primavera
que en vuestras frentes tristes, dulce
por un instante una luz deja,

es que me veis pasar etéreo,
dulcificando a mi presencia
la tierra agreste, las montañas,
a quienes doy la luz serena.

Vedme: yo paso, juego, miro
con celestial clarividencia,
y sigo el vuelo vaporoso
por la región de mi alma etérea.

Para vosotros, seres tristes,
vendré otra vez con luces nuevas,
nuevos perfumes, nuevas notas,
como una nueva primavera.

Noche del sentido

EL POEMA [4]

TODO está allí, y sigue estando allí, en las palabras
misteriosas, que fueron dichas, pronunciadas,
rotas en una voz de hombre. La crispación del alma,
la grave hora del pesar
más hondo. Mas también
aquel otro dolor,
mínimo para todos, pero no para ti,
en la estación de lluvias, junto al portal oscuro.
O nuestro recordar una canción, a la orilla del bosque,
    en la ladera suave, un momento de marzo...

... Todo está allí, la sombra, el esplendor
del sol entre las ramas
bajas de los cerezos,
nuestros pasos que van por el sendero
junto al seto de moras,
de niños,
un poco retrasados. Y la riña al llegar
tras la merienda, cuando no lo esperábamos.

---

[4] También aquí agrego esta pieza escrita inmediatamente después de publicado el libro *Noche del sentido,* al que viene a
ensanchar, dentro de su misma concepción de la vida.

... Todo está allí, la sombra del castaño
en el verano suave del Norte, y el calor de las islas,
la tristeza, el ensueño, la nostalgia,
la desesperación después, cuando todo cedió
rendidamente,
el caminar postrero...

... Todo está allí, moviéndose o inmóvil,
tal como fue en verdad, entre neblina y leve
sueño. Tal como fue, sin conexión, escaso
de realidad, confuso
como vida de hombre.
Y pues fue así, es bien que quede así,
por siempre,
en las fieles palabras.

ORACIÓN DESDE AQUÍ

A José Luis Aranguren

Y sin embargo, sé que Te he negado
en muchas horas; sé que todavía
Te he de negar quizás y que Tu sombra
me habrá de vigilar desde la altura.

Tal vez sea mi carne y la de otros,
hilada en el tejido de los sueños,
menos que sombra, acaso sólo eso:
fantástico deseo impronunciable.

Nosotros los cargados de preguntas,
los padecidos de pregunta y sueño,
tal vez no merezcamos Tu presencia
final, tras la jornada que termina.

Baja la luz es ya, y en el poniente
alguien contempla una figura noble
que protectora alarga sus dos brazos
hacia nosotros; otros ciegos miran
y nada ven, y acaso aman más hondo.

Pasan los años fatigados, lentos
como bueyes en campos amarillos,
y en la llanura inmensa que se alarga
crepuscular, aún no sabemos
si toda la labor ha sido inútil.

Y acaso sea así; y acaso sea
necesario que tal consideremos
nuestro vivir, por merecer un día,
tras la fatiga entre la mar del odio
y la vacilación de Ti, mirarte
surgir feliz en medio de las olas.

LA VISITA AL CEMENTERIO

(Habla el muerto.)

Y ya estamos aquí. Un muro vela,
alto frente a la noche que ha caído.
Las estrellas, más grandes que la vida,
que la orgullosa vida que *ellos* viven,
vela también. La noche se ha cerrado.

Ya estamos todos en yacija oscura,
pero nada sabemos, como entonces.
Alguien regresa a veces desde el pueblo
y un puñado de rosas deposita
sobre la tierra. Luego alguien sonríe
y dice: «—Era...». Y permanece
frente a la losa blanca, pulcra, un rato
aún. El padre, tembloroso
no dice nada. La pequeña gime,
mas no sabe por qué. Acaso porque
lo ha visto hacer así a su madre un día.

La vida sigue para ellos. Salen
despacio, por la puerta, en que se oxida
el hierro poco a poco. Cae la lluvia
imperceptible y moja delicada
la faz rosada de la niña, el pelo blanco
del padre, la tristeza por la ausente.

Salen y en el camino van hablando.
Con amargura el padre dice: «Así
era mi niña entonces.» Y la madre:
«¿Verdad?» Un viento que es ya frío
mueve las hojas otoñales, cruje
a veces una rama suavemente.
Suenan aún sus voces de la vida,
entristecidas hoy por un momento.
Pronto se apagarán las voces rumorosas
porque el pueblo está cerca. Leve, solo,
el viento, lejos, queda al fin dormido.

DESDE LA SOLEDAD [5]

DESDE aquí, solitario, sin ti, te escribo ahora.
Estoy sin ti y tu vida de mi vivir se adueña.
Yo quisiera decirte que en mi pupila mora
tu figura tan leve como la luz pequeña.

Nunca supe decirte cómo tu amor es mío,
cómo yo no he mirado la realidad por verte,
y cómo al contemplarte yo me sentí vacío,
y cuánto yo he querido ser para merecerte.

Y cuanto yo he querido alcanzar, porque fuese
tu mirada orgullosa de haberme amado un día;
de haberse detenido sobre mí, sobre ese
corazón tan menudo que nadie lo veía.

Corazón tan menudo que tanto has conocido
en su mínimo acento que tu presencia nombra,
y que es dentro del pecho como un leve quejido,
como una mano leve que arañase una sombra...

[5] Otro poema que llegó tarde para poder ser llevado, en su día, al libro *Noche del sentido,* a cuyo orden de inspiración pertenece.

A MÍ MISMO

Y tú envejeces presurosamente.
Miras la luz, aspiras un aroma,
y entre el horrible olor tu vida asoma,
crece, madura, es vieja de repente.

Frescas están las flores. Aún se siente
su olor. Son rosas, lirios de paloma.
Mas tu mano ya es garra. Agarra, toma
color de tabla necesariamente.

Necesaria verdad y necesaria
color del cielo en noche de verano,
y necesaria luna solitaria.

Necesaria mudez del aire arcano
y necesaria estirpe planetaria
que alienta necesariamente en vano.

REPOSA, ESPAÑA

AMOR limado contra tanta losa
como contra una piedra una navaja.
Amor que día a día así trabaja.
Campo de soledad. Cielo de fosa.

Pretendemos hacer a España hermosa
cual trabajar en nuestra propia caja
de muerto. España, que en la luz se cuaja
como un sepulcro funeral. Reposa.

Reposa, España. Todos reposemos.
Oh blanca tumba entre la luz sumida.
Blanca luz de la muerte que bebemos

a diario. No de muerte, no de vida.
De amor de ti nos envenenaremos,
España del amor, patria extinguida.

LA TARDE

Sí, nuestro amor trabaja cual labriego
que arroja la semilla que no nace
y el tiempo pisa y bajo el pie se hace
podredumbre que el viento arrastra luego.

Podredumbre es mi amor. Podrido fuego.
Miro la tarde que en el aire yace
como a la muerte. Lejos se deshace
alguna sombra. Es el mayor sosiego.

Ésta es la tierra en que nacimos. Ésta
en la que viviremos. Triste espía
mi corazón a la dorada cresta

del monte aquél. ¡Ansiada lejanía!
¡Quién pudiera creerte, dulce puesta
de sol; soñarte sólo, cielo, día!

INTRODUCCIÓN A LA NOCHE

I

CON la honda mirada
un día contemplaste
tu honda pasión de ser
en vida perdurable.

Hoy contemplas acaso
con mirada más grave
el parpadeo puro
de la noche sin márgenes;

el sollozo inoíble
de un arroyo alejándose
en la sombra; la mole
de la noche indudable.

II

Y sin embargo, eres.
Y sin embargo naces
como las hierbas verdes
y los nudosos árboles.

Compruebas con delicia
que existen matorrales,
y tus manos apresan
piedras de aristas grandes.

Saltas sobre los ríos,
subes desde los valles,
cantas desde las cumbres:
vives, existes, ardes.

Contemplas la llanura
crepuscular; renaces
como los campos vivos
que en la aurora son arces,
cañadas y caminos,
prados, riberas, cauces
de amor, donde quisieras
vivirte y olvidarte.

III

Y aquí estás. Aquí pones
tus dos manos tenaces.
Te agarras a las cosas:
maderas, piedras, carnes.

Te aferras a la vida
como el río a su cauce,
cual la raíz de un hondo
vegetal insaciable.

EL RÍO SUAVE [6]

EL día, la semana, el año, el río
suave, que va lamiendo en su transcurso
interminable la rocosa vida
lenta, que desafía los crepúsculos;

esa caricia que muy lentamente
arranca sólo un grano de oro puro,
acaso una arenilla, acaso nada,
polen de flor, brizna de amor y musgo;

ese roce de espuma que se lleva
entre sus aguas sólo aquel arrullo,
cuando te amaba entre las olas solas
y te quería bajo el cielo único;

ese manso pasaje que es nonada
y dulce amor, que desmorona un punto
tan sólo la armoniosa arquitectura,
el ancho sueño, el anhelar oscuro,

la oculta realidad, jazmín que huele
hacia una madrugada en el futuro

---

[6] Este poema fue escrito en la época de redacción de *Noche del sentido,* pero lo extravié. Encontrado bastantes años después entre mis papeles, lo publiqué en *Las monedas contra la losa.* Hoy lo reintegro al cuerpo del cual debió formar parte.

que ya está en él, y huele a madreselva
profundamente en la mitad del mundo;

todo esto y no más, y sólo un algo
de esto se va, como por algún brusco
agujero se iría la fragancia
quieta de unos jardines absolutos,

o cual de un frasco, allá en la estancia oscura,
que se dejase destapado un punto,
podría irse una felicidad.
Como un olor extraño a un raro mundo...

EL AMANTE VIEJO

¡AMABAS tanto...! Acaso
con amargura, acaso con tristeza
lo dijiste. ¡Amabas tanto! En el espejo
viste tu faz que se iba haciendo vieja,

y tornaste a decir: «...amor...» Soñabas,
y en la alta noche silenciosa y queda,
lejos, se oía lento el rumor manso
de un agua que pasaba mansa y lenta...

CRISTO EN LA TARDE

«YO soy la luz.» Miraba hacia la tarde.
Un polvo gris caía tenue, lento.
Era la vida un soplo, un dulce engaño;
sombra, suspiro, sueño.

Ya su figura por los olivares
se iba desvaneciendo
en soledad. Ni un pájaro existía.
… La tarde iba cediendo.

«Yo soy la luz.» Silencio. «Soy… Oídme…»
Espacio. Olivo. Cielo.

«Yo soy la luz.» Su voz era un susurro.
El aire, ceniciento.

«Yo soy… yo soy…» La sombra le envolvía,
Cayó la noche. Se escuchaba el viento.

AMADA LEJANÍA

(Juego de naipes)

HABLAS con alguien. Dulce suena un río.
Por la cañada en sombra el aire pasa.
Mírame claro mientras te sonrío,
alma de amor, más roja que la brasa.

Hablas con alguien. Mueves ya tu mano.
El aire mueves: la distancia queda.
No puedes verme. Sólo el aire vano,
el aire gris, la noche gris y queda...

Y mientras tanto hablas, loas, dices.
Oigo que dices: «Está bien, juguemos.»
«Juguemos fuerte en esta puesta», dices.
(Piensas en otra donde intervendremos.)

Vuelves a hablar, y dices... (Vuelves, giras.
En tu pupila tiembla una figura
pura, leve, pequeña. Cuando miras,
mira también, pequeña, leve, pura.)

LA PUERTA

(Plaza Mayor de Madrid.)

SOBRE la calle estamos
aún. Después acaso
subimos una escalera de piedra, gastada
por otros pasos tercos, confiados,
allá en el fondo oscuro de un pasado remoto. Y tocamos,
tocamos con ansiedad, con disimulada agonía,
esta gruesa puerta de madera pesada,
que dura, que ha durado, que ha contemplado con impa-
    sibilidad y silencio,
desde su abrupta altivez o insensibilidad de materia,
unas manos tras otras golpear en el pesadísimo picaporte
    de hierro.
Se ha dejado gastar muy levemente
por el roce presuroso de unos dedos. Ha visto
envejecer el rostro humano muy poco a poco,
tan poco a poco que nadie fijaba su atención distraída
en el menudo pormenor de una arruga incipiente.
Esta puerta está aquí como entonces.
Se ha acallado el tráfago.
Los caballeros han desaparecido de la plaza frontera. Los
    caballos
no están.
Las divisas de los jinetes en la tarde de toros,

74

la altiva majestad de algún rey contemplando
la plaza, el señorío opaco de un atuendo,
la indiferencia de una mirada distraída,
las lentas horas que un reloj anuncia,
las nubes lentas, pausadas, que a ratos cubren el azul...
    No sé,
no sabría decir cuáles son esos otros,
ese público denso que algo mira,
algo que les absorbe en la tarde de estío
un momento.
                    ¡Qué silencio se ha hecho de pronto!
¡Qué quietud tan extraña en la fiesta!
Desierta ha quedado la plaza.
Ya todo, como un vapor, se ha extinguido.
Un reloj da las horas
despacio. Mi corazón de pronto da las horas.
Y yo delante de esta puerta,
de esta pesada puerta,
pregunto.
Sin intención de ofenderte, Señor, sin pretender injuriarte
pregunto. Yo quisiera inquirir, yo desearía indagar el he-
    cho mismo que ahora contemplo,
el hecho mínimo de esta puerta que existe,
con su cerradura de hierro.
Esta implacable puerta que la carcoma ha respetado.
Y aquí está segura, cerradísima,
implacable en su sin soñar
su materia sobrevivida, su materia resuelta a vivir.
Y he aquí la humana tristeza de unos ojos que miran,
que no saben, que inquieren, que examinan con lentitud
    cada porción de materia,
preguntándose cómo ha sido posible,
cómo ha llegado hasta nosotros cierta,
cómo ha llegado sin detrimento, con integridad, sin fa-
    lacia,
esta puerta que miro y señalo,
esta puerta cerrada que yo quisiera ver entre la noche
    abrirse,

girar despacio,
abrirse en medio del silencio,
abrise sigilosa y finísima,
en medio del silencio, abrirse pura.

Invasión de la realidad

VERDAD, MENTIRA

CON tu verdad, con tu mentira a solas,
con tu increíble realidad vivida,
tu inventada razón, tu consumida
fe inagotable en luz que tú enarbolas;

con la tristeza en que tal vez te enrolas
hacia una rada nunca apetecida,
con la enorme esperanza destruida,
reconstruida, como el mar sus olas;

con tu sueño de amor que nunca se hace
tan verdadero como el mar suspira,
con tu cargado corazón que nace,

muere y renace, asciende y muere, mira
la realidad inmensa, porque ahí yace
tu verdad toda y toda tu mentira.

INVASIÓN DE LA REALIDAD

I

Y aquí estás verdadero.
¡Oh, déjame tocarte!
Tu piel, en donde pones
un límite a los aires.

Tu don de serte vivo,
tu realidad, me baste.
Dejadme que compruebe
su ser. ¡Oh, sí, dejadme!

II

Dejadme. Yo no quiero
las nieblas pertinaces.
Tras el humo dibuja
su vago ser un valle.

Allá tras la cortina
incierta, hay verdes sauces,
un prado con sus flores
diminutas y suaves.

En la noche terrible,
yo soñaba una imagen.
Hela aquí. Son colores:
blancos, verdes, granates.

III

Dejadme con las cosas
también. Son realidades
súbitas que se crean
duras a cada instante.

Emergen con firmeza
cruel. Se satisfacen
con su presencia misma.
Dicen: «¡Toma, regálate!»

IV

Régalate. Contempla
la piedra, el cielo, el aire.
Respira entre las luces.
Desciende hasta los cauces.

Toca la piedra. Mira.
Huele la rosa. Sáciate.
Gusta, mira, comprueba,
duele, solloza: sabe.

Ensánchate en el alba.
Al mediodía, ensánchate.
Sube a la tarde y mira
todo en ella ensanchándose.

V

Hermoso es el paisaje
final. Y todo arde
en el espacio abierto
sin fin. La piedra arde
con suavidad tranquila,
ensimismada. Nacen
ardiendo delicadas
las nubes. Arden casi
las aguas de los ríos
serenos, reflejantes
de un cielo azul, abierto
sobre los hombres. Árboles,
vegetación copiosa,
praderas anchas, grandes,
augustas;
ondulantes
montañas y llanuras
serenas. Todo arde.

VI

Todo lo miras tú.
Majestuosa imagen
reflejan tus pupilas,
que miran serenándose.
Allá en el horizonte
incierta sombra cae
imperceptiblemente.
Miras. El aire suave
te enciende de amor. Tomas
la luz en tu ropaje,
vaporosa. Te crece
la realidad. Y ardes.

VII

Cantas con un gemido
final. Cantas el cáliz
de la luz, cielo abierto,
las planicies, los aires
pálidos, las colinas
largas hacia la tarde.

Miras así. Coronas
tu vida. Dices: arces,
piedras, caminos, lomas,
montes donde el sol nace,
agua que allí relumbra,
ceniza ya insinuándose,
plenitud donde calmo
mi sed de ser: ¡Salvadme!

VIII

¡Salvadme, suaves vientos,
salvadme, frescos valles,
raíces de la vida,
luz que a diario renaces,
manantiales del mundo,
fuentes, brisas errantes...!
¡Elevadme, embebedme!
¡Vedme, resucitadme!

LA LABOR DEL POETA

TÚ, poeta, corazón solitario.
Supiste del amor porque eres hombre.
Amaste la verdad de la llanura,
y tus ojos antiguos percibieron
en el hondo horizonte la callada
incógnita.
        Nunca pude decirte qué milagro
arde en tus ojos de planeta ciego,
qué costado de luz hay en tu vida
cuando tú miras temblorosamente
caer la noche en la extensión vacía.

Porque yo sé muy bien qué nos ocultas.
En tu rincón de sombra hay un vilano
de luz, hay un punto de cálida corola
y tú lo miras largamente mientras
la noche cae muy honda. Todo duerme,
todo calla en la noche. Mas palpita
la luz pequeña en el rincón sombrío
su celeste inocencia, su purísima
realidad.
        Están ocultas todas las estrellas,
todo se entenebrece sobre el mundo.
No hay consuelo que pueda aligerarnos
el corazón. De pronto has levantado
tus manos rudas hacia el firmamento.

Necesitado has toda tu vida
acumulada para hacerlo. Eran
muy pesadas tus manos,
como de piedra o de metal muy duro.
Has elevado con dolor tus puños
entre la noche. Se entreabrían lentos
con esfuerzo de siglos, de raíces
que avanzan. Como debajo de la tierra abrías
tus manos,
entre la densidad de la materia
sombría. Y allá lejos,
en el fúnebre espacio, entre la espesa
sombra,
pudiste abrir al fin sangriento el puño
y exhalar para todos los humanos
fraternos, que tú amabas,
la luz que tú miraste,
la leve luz que acompañó tu vida.

Hela brillando para todos leve,
para todos celeste y diminuta: hela brillando
no sé si como un agua de frescura,
más sé que da frescura,
no sé si como un río o una gota
de un río transparente.
Un agua que ha corrido muy despacio,
que ha resbalado lenta por tu vida,
que ha emanado de vida temblorosa,
desde raíces viejas, desde rotas
cavernas soterradas.
Desde un amor de rocas soterradas.
Un amor por el mundo, por el mundo
de angustiadas sazones, de roídas
esperanzas, de ciegos exterminios;
un mundo pobre de lamida pena,
de triste horror, de ocaso envejecido...

COSAS

VOSOTRAS, cosas, duras y reales,
escándalo en la luz y permanencia
sutil. Profunda es vuestra ciencia
de estancia lenta en frescos manantiales.

Porque brotáis de chorros virginales
y la honda vida recibís de herencia.
¡Manad, manad, callados inmortales,
manad y dadme ser, amor, presencia!

Manad, callada piedra, azul montaña,
súbita cresta del amor, hondura
de luz enorme. Dadme ser, entraña

donde pueda beber la honda bravura:
realidad que subleva su maraña
total, contra la enorme noche oscura.

LA MAÑANA

ERRANTE por la luz, en primavera
recóndita y azul y de oro y grana,
mi corazón recoge esta mañana
todo el amor que llueve en lisonjera

tempestad de frescor. La noche afuera.
Afuera el cierzo y la ansiedad lejana.
Se pone en pie la claridad temprana,
alza sus brazos, yergue su bandera,

grita su luz, avanza arrolladora
por la pradera vencedora y mueve
el árbol leve del espacio ahora.

Todo en el aire, luminoso, llueve,
gira, delira entre la luz sonora,
y allí suspira entre el follaje leve.

LA CALMA

I

HE aquí que nosotros nos preguntamos si acaso somos
 verdaderamente necesarios
en un mundo tal vez no del todo nacido de la necesidad
 y del orden.
Henos caídos, levantados, henos inclinados a roer nuestra
 propia felicidad,
a destruir nuestra propia verdad, a edificar en la ruina.
Henos asociados al error como a una verdad más pequeña,
girando en el desamparo como un planeta absolutamente
 vacío,
en la redondez del espacio.
Henos acumulando, día a día, la pequeña fortuna de
 errores,
desgastados por la costumbre como una moneda cuya
 efigie se borra.
Henos acostumbrados a nuestra culpabilidad como un
 remo en el fango,
hechos mitad de fango y mitad de madera pobrísima,
casi putrefacta, pero tal vez con recuerdos de bosque,
de verdísima luz, de senderos con luz conducida,
de flores fragantes, abiertas en mitad de la suave pradera.
Y el remo se alza en el aire como una bandera,
y sube en el aire y desea la luz,
y de nuevo cae con grave son, con profundo son, en la
 sombra.

II

Es vieja nuestra costumbre de pensar,
nuestra costumbre de desear y de amar.
Y es vieja nuestra costumbre de rehacernos cada día
como si nada hubiese pasado,
como si a cada hora amaneciese en nosotros una posi-
    bilidad,
algo en fin luminoso que nos incitase de lejos,
como una señal, hecha por alguien, de lejos,
borrosamente, no del todo explicable y lejano.
Es muy difícil no creernos seguros,
abrir los ojos a la realidad más sombría,
y aceptar con una resignación que acaso no podamos ni
    tan siquiera imaginar
eso tan cierto y sumiso que observamos todos los días a
    nuestro alrededor obstinado,
hecho de silencio implacable, tras el que creemos adivinar
un ir de pasos sutiles y un volver de pies en lo oscuro.
Pero todo esto sólo podría sonar
en todo caso remotísimamente
tras el muro del silencio, ése sí, reducible al sentido,
como una madera de humilde contorno,
o una piedra de áspero peso y comprobación minuciosa.
Pero aquí nos hallamos frente a una mudez de tanto
    espesor
como ninguna puerta jamás tuvo,
y es inútil aplicar el oído para a su través escuchar un
    rüido ligero,
el murmullo inconexo de una conversación en un sueño,
el caer de una piedra en el agua,
temblorosa un momento, extinguida después, como un
    ala fugaz,
quieta después y tersa, como un ala fugaz, en una inmo-
    vilidad infinita.

A UNA MONTAÑA

REPITE tu canción, dime tu nombre.
En el silencio de la noche, dime
por qué se ensancha el corazón del hombre
cuando tu piedra oprime.

Déjanos apresar el bien supremo
que en tus pupilas arde.
Altiva majestad y oscuro remo,
pasa, lenta, tu tarde.

Por el mar silencioso, en la llanura
infinita y cansada,
bogas inmóvilmente con tu dura
claridad retirada.

Como la mariposa que las flores
liba un instante breve,
así los hombres miran tus colores
al caer de la nieve.

Al caer de la nieve silenciosa,
sepulcral, sin pupila,
al caer de la nieve, azul y rosa
tu tarde está tranquila.

Tu tarde está tranquila, el mar abierto.
Y tus ojos de diosa
miran lejos el mundo. Es un desierto
que infinito reposa.

ESTAS PALABRAS

POR el dolor de ser para la muerte,
trizar tu sino, amanecer despacio,
romper amarras, destrozar la aurora,
cantar despierto lo que en sueños callo.

Por tu amargura cuando el viento azota
contra los muros de mi patria, helados,
fragantes flores, cálidas promesas,
lívidas mieses de inclinados tallos.

Por la terrible soledad que vino
tan repentina cual es cierto un árbol.
Por esas flores, por aquellos días,
los aires muertos y los vivos brazos.

Por la hermosura de vivir y el día
que se respira sin querer, tan ancho,
por no saber si es cierta la memoria
que alivia un cielo o que recuerda un ábrego.

Por todo os digo estas palabras, puestas
como en la dura tempestad un barco.
La vela rota, el anhelar del viento
junto a la noche. Yo no sé. Escuchadlo.

EL JARRO

A Elisabeth Lipton

I

ENTRADA

VOSOTRAS, mis pequeñas fraternas cosas tristes.
Vosotras,
tan desoladas tras la ausencia grande,
dais acaso placer, acaso
tibieza confortante tan sólo
a los que así contemplan vuestra presencia muda en el
    ocaso.
Todo se va, es muy cierto. Todo tiene
en el ocaso yerto de la vida
un pálido color que se desvae. Pero entonces
este amor que me coge la garganta, este día
que parece mostrarnos la existencia sin duelo,
¿qué puede ser o significar? No significa,
existe. No significa: duele. Contemplando
una plazuela al fondo de una calle de sombra, donde un
    niño
hace girar un aro interminable,
yo me pregunto a veces qué consuelo
puede alcanzarnos. Si morir es duro,
hace caricia un surtidor, el fresco

caño de un agua pura, o simplemente
las gotas frescas del rocío. Amo
el simple estar de una presencia tibia a nuestro lado,
el consuelo de una mano querida retenida en la sombra.
No furtivo,
el corazón aprenda a amar la vida
en su dureza sin piedad o en el contorno grácil
de un jarro esbelto en medio de un crepúsculo.
Tocamos
la superficie nítida asombrada
que llegará a más lejos que nosotros. Sumidos
en su esplendor nocturno de materia
algo sabemos de un futuro enigmático. Tentamos
un más allá de piedra, una rotunda
negación de la nada, un duro jarro,
y nos decimos que no todo muere,
que algo se queda vivo entre nosotros.

II

Mirando este jarro

ESTA mirada mía, esta incógnita demostración de
    existir
en un tiempo dado, en un encerrado presente, en un ciego
    latido.
Este reconcentrado mirar que reproduce un jarro en la
    pupila
verde, más humana que nunca en este día
fugaz, en esta tarde soleada de junio,
de algún modo estará en el futuro como hoy en ti, jarro
    que esplendes
dentro de la limitación y la vida.

Oscuramente llevarás hacia un día remoto el temor con
    que ahora te miro,
mi angustia y mi incertidumbre y mi desolada esperanza,
y mi despertar hacia la luz y mi anochecer temeroso.

92

Escucho el rumor de otros pasos, los vestidos ligeros
de otros cuerpos y el roce de otras manos
y la tristeza de otros ojos que un momento
coincidirán conmigo en mi mirarte,
en mi contemplarte en silencio, en mi respiración sofocada.
Sueño y ahondo y altero la propagación de mi vida
y cojo con mis dos manos este trozo de esbeltez necesaria
más allá de la noche,
y lo alzo en la noche y como en cáliz de apurada presencia
bebo el recuerdo y me sumo en meditación apagada.
Qué es esto que ahora contemplo, dónde están esos ojos
que desde una esquina de esta misma habitación me mur-
muran
un nombre, acusan una relación o sugieren un dato
vago, casi olvidado, algo perdido y confundido y solo
como mi presencia aquí, ahora, solitario y entero
y renunciado e íntegro. Yo soy, existo
y, sin embargo, sueño. Por el aire
pasan palomas, surgen multitudes
apresuradas que a una fiesta asisten,
y miran y contemplan y aman, y regresan,
y luego vuelven otra vez y preguntan
con sueño, hacia la tarde,
en el camino solitario. ¿Qué es esto,
qué representa esta cinta morada, este sombrero, este
calcetín sudoroso,
este irrisorio bienestar que me orea?
¿Dónde las brisas de esta tarde parada
un momento en un junio fugaz,
dónde mis manos que tocan con premura este jarro,
dónde mis dedos que lo aprietan tan leves,
tan amantes y leves,
tan sumisos y leves
como los tuyos, criatura que has de amar y que un día,
absorta,
mirarás con mi misma tristeza y anhelante pregunta
este jarro, tan bello?

III

Oración ante el jarro

ANTE ti yo respiro.
Ante ti yo me postro y respiro,
y enmudezco, y me quedo, y respiro.
Sumido en tu acorde, allegado hasta ti, grave templo de
perfección,
providencia y cobijo y reposo,
yo me asiento con humildad en las gradas de tu majestuosa apariencia,
me persuado de mi pequeñez y recorro
con pie cansado el hondo bramido ligero de tu perduración,
la pesadumbre de tu claridad, la concentración de tu regocijo,
la espesura de tu tiniebla y el ancho aliento de tu juventud generosa.
¿Qué hay en ti, qué voces juveniles cantan en el rincón
más oscuro,
qué primaveras florecen, qué rosas se abren,
crecen, aspiran, se agrandan, continuamente movidas,
levantadas, ascendidas de pronto? ¿Qué es lo que se mueve y arguye
sin destrucción en tu seno, qué es lo que viaja en tu inmovilidad,
qué ráfagas exteriores golpean
tu quietud sin cansancio? ¿Qué fascinación te esclarece,
qué elevada presencia te asume,
reconcentra y aclara? Oh, yo veo países que tú recorres
ligero,
sin apresuramiento, sin demora, en la noche,
en la mañana, mediodías, veranos.
Dime entonces el ademán con que corriges el sueño,
la verdad y la vida. Cómo la recompone y con qué grave
consideración la instituyes.

94

Dime cómo podré caminar desde ahora,
cómo podré fatigado llegar hasta ti,
vivir sin sollozo, hundirme en tu esclarecimiento,
escuchar la pregunta que asoma
de tantos labios, de tantos cansancios absortos, de **tanta**
    humanidad que no puede esperar,
que no puede llegar ni decir.
                      Cómo decir,
callar, si tanto sueño, si tanta
injusticia nos roe, si tanto desaliento nos pesa,
en la noche, sin ti, lejos
de ti, tan solos
de tu enorme sosiego,
de tu enorme esperanza y sosiego,
en la noche callada...

SALVACIÓN DE LA VIDA

A Pepe Vidal

VEN para acá. Qué puedes decir. Reconoces
tácitamente la aurora.
El aire se ensancha en irradiaciones o en círculos
y todo queda listo para una eternidad que no llega.
Yo y tú y todos los otros, sumados,
enumerados, descomponemos el atardecer,
mas la fuerza de nuestro anhelo es una victoria levísima.
Somos los herederos de una memoria sin fin.
Se nos ha entregado un legado de sueño
que nos llega a las manos desde otras manos y otras
que se sucedieron con prisa. Llevemos
sin parsimonia nuestra comisión delicada. Pongamos
más allá de nosotros, a salvo de la corrupción de la vida,
nuestro lenguaje, nuestros usos, nuestros vestidos,
la corneta del niño, el delicado juego sonoro,
la muñeca, el trompo, la casa.
El niño juega, el niño se adueña de su situación y domina.
Es el bandido, el señor, el malvado,
es generoso, es risueño.
Coge entre sus manos arena y construye un castillo,
toma piedras, levanta catedrales o juega
con la compacta peonza.
Se esconde detrás de una cama o astuto sonríe
amparado por el biombo chinesco.

Qué risas las que se escuchan después cuando el niño
es descubierto por la argucia de otro, al correr de los
    siglos.
Buscad, buscad ahora de nuevo sin descanso en la alcoba,
detrás del armario, en el cuarto trastero.
Allí escondido sofoca su risa el muchacho,
reprime el estallido de su felicidad de vivir para siempre,
junto a mamá y al perro y al aro.
Buscad, buscad en el desván, en el derrotado jardín,
tras el viejo olmo, o el roble o el cedro.
Mirad hacia arriba. Encaramado se encuentra el mucha-
    cho,
y todo vive como ayer, animoso.
Pongámoslo todo a salvo. Entreguemos
pronto nuestro lenguaje a ese niño,
enseñémosle a decir «vida», «humanidad», «esperemos»,
enseñémosle a hacer una casa, una carretera, un camino.
Salvémoslo todo, queda poco tiempo, este campo,
salvemos el carromato, el colchón, la vieja cubierta del
    coche,
el carbón del hogar, el atizador, el sombrero.
Queda todavía una chaqueta detrás de la puerta trasera,
ponla también en el carro. Y el rudo martillo.
Algo se nos olvida, no sé lo que es,
ay, marchemos, el niño,
se nos olvida el trompo, el carrito, el jilguero,
se nos olvida el perro guardián. Vete pronto a buscarlo,
ay que me muero, es el río
que ya no se escucha, es el aire
que no se respira, es el viento
que no corre, y el campo
que ya no se ve...
                        Mas vosotros, marchad.

Oda en la ceniza

SALVACIÓN EN LA PALABRA

(EL POEMA)

A Jorge Guillén

I

Dejad que la palabra haga su presa lóbrega,
se encarnice en la horrenda miseria
primaveral, hoce el destino, cual negra teología
corrupta.
      Súbitas, algunas formas mortales,
dentro del soplo de aire
permanente e invicto.
La palabra del hombre, honradamente
pronunciada, es hermosa, aunque oscura,
es clara, aunque aprisione
el terror venidero.
Hagamos entre todos la palabra
grácil y fugitiva que salve el desconsuelo.
... Como burbuja leve la palabra
se alza en la noche, y permanece
cual una estrella fija entre las sombras.

II

Y así fue la palabra
ligero soplo de aire
detenido en el viento,
en el espanto,
entre la movediza realidad y el río
de las sombras. Ahí está detenida
la palabra vivaz, salvado este momento
único
entre las dos historias.
... De pronto el caminar fue duradero
y el hombre inmortal fue,
y las bocas que juntas estuvieron
juntas están por siempre.
Y el árbol se detuvo en su verdor
extraño, y la queja
ardió como una zarza
misteriosa.

III

Allí estamos nosotros.
Allí dentro del hálito.
Tú que me lees estás allí
con un libro en la mano.
Y yo también estoy.
Tú de niño, cual hombre, como anciano
estás allí.
Tu corazón está con su amargura,
ennoblecido y muerto.
Y vivo estás.
Y hermoso estás.
                    Y lúcido.

IV

Todo se mueve alrededor de ti.
Cruje el armario de nogal, salpica
el surtidor del jardín.
Un niño corre tras una mariposa.
Adoloscente, das tu primer beso
a una muchacha que huye.
Y huyendo así, huye nada,
quieto en el soplo tenue.

V

Y así fue la palabra entre los hombres
silenciosa, en el ruido
miserable
y la pena,
arca donde está el viento detenido
y suelto,
acorde suspendido y desatado,
leve son que se escucha
como más que silencio, en el reposo
de la luz, de la sombra.

Así fue la palabra,
así fue y así sea
donde el hombre respira,
porque respire el hombre.

ODA EN LA CENIZA

A Francisco Brines.

Una vez más. Las olas, los sucesos,
la menuda porfía que horada
la granítica realidad, el inmóvil
bloque donde los tiempos
giran como un águila
aciaga.
    Cada minuto el mundo es otro,
otra la muerte,
otro el desdén, la diurna aparición del entusiasmo,
el radical sentido.
            Perdemos suelo,
firme contacto, asidero de sombras. Dame
la mano, álzame, tocaría
acaso la sublime
agarradera sin ceniza, la elevada
roca, el alto asiento
del resplandor, la puerta que no gira
ni se abre, ni cierra, el último
fundamento del agua, de la sed, de los aires
diáfanos,
del barro mísero donde el ardor se quema
como un ascua. Oh tentación de ser
en la portentosa verdad,
en el irradiante espacio, estallido de veneración

más allá del respeto
sombrío. Oh calcinante
idealidad sagrada que no arde ni quema
en la deslumbradora invisibilidad, en la increíble
fuerza del mundo. Oh témpano de oceánico ardor
donde el cansancio
puede brillar y la queja
abrasar y ser otra, y el hombre apetecer y saciarse
en el alimento continuo.

                    Oh desaliento
del desconocer, hambrear, consumirse,
centro del hombre.

                    Tú, mi compañero,
triste de acontecer,
tú, que como yo mismo ansías lo que ignoras y tienes lo
    que acaso no sabes,
dame la mano en la desolación,
dame la mano en la incredulidad y en el viento,
dame la mano en el arruinado sollozo, en el lóbrego
    cántico.
Dame la mano para creer, puesto que tú no sabes,
dame la mano para existir, puesto que sombra eres y
    ceniza,
dame la mano hacia arriba, hacia el vertical puerto, ha-
    cia la cresta súbita.
Ayúdame a subir, puesto que no es posible la llegada,
el arribo, el encuentro.
Ayúdame a subir puesto que caes, puesto que acaso
todo es posible en la imposibilidad,
puesto que tal vez falta muy poco para alcanzar la sed,
muy poco para coronar el abismo,
el talud hacia el trueno,
la pared vertical de la duda,
el terraplén del miedo.

                    Oh dame
la mano porque falta muy poco
para saltar al regocijo,
muy poco para el absoluto reír y el descanso,

muy poco para la amistad sempiterna.

                              Dame la mano
tú que como yo mismo ansías lo que ignoras y tienes lo
    que acaso no sabes,
dame la mano hacia la inmensa flor que gira en la feli-
    cidad,
dame la mano hacia la felicidad olorosa que embriaga,
dame la mano y no me dejes caer
como tú mismo,
como yo mismo,
en el hueco atroz de las sombras.

ANÁLISIS DEL SUFRIMIENTO

A José Olivio Jiménez.

El cruel es un investigador de la vida,
un paciente reconstructor, un objetivo relojero, un perito
que quisiera conocer la existencia,
el secreto de la vida que en el sufrimiento se explora.
 El amante de la sabiduría está listo
para su operación delicada.
Y la materia del análisis queda
a su merced: un hombre sufre.
 Horrible es conocer la verdad, y el miserable hallazgo
destruye a quien lo obtiene,
pues nadie en otro pudo ni podrá nunca conocer hasta el
 fondo
en su verdad palpable, sin morir,
la vida misma revelada.
 Sin embargo, es muy cierto
que el sufrimiento expresa
al hombre, aunque lo arruina,
porque tras la experiencia dolorosa
es otro hombre el que nace, al conocerse,
y conocer el mundo.
 No siempre, ciertamente,
puede quien ha sufrido
resistir todo el peso de su sabiduría.
Alguno nunca vuelve

a la vida, pues es difícil ser
tras la vergüenza de haberse así sabido.
  Otros viven, mas rota
su dignidad en la infamia
que todo dolor es,
indignamente
prosiguen, y una mueca
es su gesto, su hábito.
  Hay quien asume
de otro modo el dolor,
la concentrada reflexión que todo dolor es.
Tras la meditación espantosa, el hombre puede oír,
palpar y ver,
y conocerse y ser entre los hombres.
  Y he ahí cómo el cruel se equivoca
en su filosófica labor, porque sólo quien sufre,
si acaso lo merece,
logra el conocimiento que el cruel buscara en vano.
  Conoce aquel que sufre y no el que hace sufrir,
éste no sobrevive a su conocimiento,
y aunque tampoco el otro muchas veces
puede sobrellevar esa experiencia
terrible, logra en otras
escuchar sorprendido
el más puro concierto,
la melodía inmortal de la luz inoíble,
allí, en el centro mismo de la humana miseria.

COMENTARIO FINAL

CAVASTE hacia el abismo
dentro de ti
por vivir más. Sufriste un sufrimiento,
te enajenó un cuidado.
Penetraste la noche sobre todo
interior,
y no hubo luna, sino necesidad
de algo más bello.
Hambre de ti y sed de ti tuviste
y junto al pozo del no ser no hablaste.
Asomado al brocal no viste estrellas
temblorosas, ni hubo luz en la noche
profunda. Lo que al fin ocurrió
nadie lo diga. No se envidie este canto:
si lo escribí fue que primero he muerto.

MÁS ALLÁ DE ESTA ROSA

(MEDITACIÓN DE POSTRIMERÍAS)

A Pedro Gimferrer.

I

Una rosa se yergue.
Tú meditas. Se hincha
la realidad, y se abre, se recoge, se cierra.
Cuando miras, entierras. Oh pompa
fúnebre. Azucena: Relincho
espantoso, queja oscura, milagro. Tú que la melodía
de una rosa escuchaste, sangrienta
en el amanecer cual llamada
de una realidad diminuta,
miras tras ella el hondo
trajinar de otra vida, la esbelta
rapidez con que algo se mueve en la noche
con prisa, como si quisiera llegar a una meta
insaciable. Hay detrás de esta rosa, que yergue
suavemente su tallo, una pululación hecha náusea,
un horrible jadeo,
una ansiedad frenética, un hendiondo existir que se
    anuncia.
Una trompeta dispara

su luz, su entusiasmo sonoro
en el estiércol. ¿Qué dices,
qué susurras, qué silbas
entre la oscuridad, más allá de esta rosa,
realidad que te escondes? ¿Qué melodía
articulas y entiendes y desdices y ahogas,
qué rumor de unos pasos
deshaces, qué sonido
contradices y niegas? La cadencia está dicha,
realizado el suspiro.
El rumor es silencio,
la esperanza, la ruina. Todo silba y espera,
silencioso, engreído,
más allá de esta rosa.

II

Más allá de esta rosa, más allá de esta mano
que escribe y de esta frente
que medita, hay un mundo.
Hay un mundo espantoso, luminoso y contrario
a la luz, a la vida.
Más allá de esta rosa e impulsando su sueño,
paralelo, invertido,
hay un mundo, y un hombre
que medita, como yo, a la ventana.
Y cual yo en esta noche, con estrellas al fondo,
mientras muevo mi mano,
alguien mueve su mano, con estrellas al fondo,
y escribe mis palabras
al revés, y las borra.

SENSACIÓN DE LA NADA

Tiene, después de todo, algo de dulce
caer tan bajo: en la pureza
metafísica, en la luz
sublime de la nada.
En el vacío cúbico, en el número
de fuego. Es la hoguera
que arde inanidad. En el centro
no sopla viento alguno. Es fuego
puro, nada pura. No habiendo fe
no hay extensión. La reducción del orbe a un punto, a
  una cifra que sufre.
Porque es horrendo un padecer simbólico
sin la materia errátil que lo encarna.
Es la inmovilidad del sufrimiento
en sí... Como la noche
que nunca
amaneciese.

DÓNDE

Dónde el latido, el virgen miedo,
la tempestuosa semilla
que se abrirá mañana
como espanto, cual trueno
dentro de ti,
que se abrirá a la noche
súbita, a la vaciedad de tus cuencas,
ojos vacíos del no ver, resplandor
del no mirar, horrísono sonido
del no oír
y no palpar,
sí, dónde.

Dónde en tu corazón entregado,
dónde en tu pecho, dónde
en tu risa, en tu hablar cotidiano, en tu dirigirte a ese
      amigo,
dónde al coger, agarrar, retener,
alcanzar,
dónde en medio de tu felicidad, en la mitad de un calci-
      nante amor,
en el jadear mismo del amor, del placer del amor,
dónde
se esconde.
Dónde, dónde estará, dónde está ya, dónde está ahí,
      dónde está

muerto ya, hace ya mucho ya,
dónde tú, vivo, muerto, hecho, dicho,
nicho
ya.

EL MUNDO ESTÁ BIEN HECHO [7]

Los ríos van a la mar,
el mar a las playas de moda,
de manera que el mundo está bien hecho.
Sobre esta cuestión no puede discutirse. Mas si alguien
quisiera alzar su voz contra el aserto,
le taparíamos la boca con la prueba más firme:
el General.
No puede darse un general en jefe sin que exista
el orden en las filas. Y, por tanto,
las filas del orden del General en Jefe
y el Jefe mismo, en general, como ya he dicho, vienen a
    demostrar
la armonía preestablecida y la buena mano que ha tenido
    quien pudo
para hacer lo que ha hecho. Aunque, después de todo,
no hubiera sido necesario traer
hecho tan concluyente, toda vez que este mundo,
y, en general, toda playa de moda que va a dar en la mar,
eran ya suficientes para que nos bañásemos
en el más general regocijo
del General en Jefe.

---

[7] La censura suprimió este poema de *Oda en la ceniza,* que hoy
publico en el lugar que debió ocupar en su día.

113

CANCIÓN DE AMOR PARA DESPUÉS
DE LA VIDA

Tú que me miras, tú que me ves aquí
en la tierra
como en la tierra soy,
como en la tierra estoy sin merecerte,
tú, pequeña verdad humana mía,
aquí sin merecerte, sin merecer tu humana luz, tu belleza
    tranquila y delicada,
fugaz y delicada como una luz tranquila,
capaz, ay,
de envejecer y de morir también;
tú, sí, a quien he llegado
tan tarde ya, sin merecer ese sosiego ya
de tu pura belleza,
¿podré entonces, de pronto,
encontrarme a tu lado revestido de aquello que quisiera
para mí junto a ti?
¿Podré ser digno entonces de ti entonces,
y dignamente estar como quisiera estar;
dignamente a tu lado, mereciendo
continuamente lo que eres
ahora para mí,
en esta tarde en que tú estás sentada
al lado mío contemplando
con tristeza mi rostro,
que ha empezado quizá,
tan pronto,
a envejecer...?

114

EN ESTE MUNDO FUGAZ

Pozo de realidad, nauseabunda
afirmación, nocturno
cerco de sombras. Todo
hasta la muerte. Somos
aciago resplandor insumiso, noche
florecida. Oh miseria
inmortal. Tú, mi alondra
súbita, mi pequeño colibrí delicado,
flor mecida en la brisa,
tú dichosa, tú, visitada por la luz,
lavada en su jardín que desciende
despacio,
pequeñez tan querida.

Aquí estás resistiendo,
viva, lúcida,
sostenida
en el sacro relámpago,
alumbrada y dichosa
en el trueno.
Tú, mi pequeña
rosa encendida siempre,
pétalo delicado,
húmeda nota,
tú, resistiendo aquí.

Tú, resistiendo,
como si fueses basa,
columna, catedral,
como si fueses arco,
romana gradería, circo, templo,
como si fueses número,
incorruptible idea,
tú, mi pequeña Yutca,
mi pasajera soledad, mi fugaz entusiasmo,
tú, brevedad, caricia.

Tú, con brazos
débiles como flores,
con cintura,
con quebradizo cuerpo,
con delgadez, con ojos,
con espanto, con risa,
con noche en tu mirada,
tu, mi pequeña Yutca,
tú, resistiendo aquí.

116

PERO CÓMO DECÍRTELO

Pero cómo decírtelo si eres
tan leve y silenciosa
como una flor. Cómo te lo diré
cuando eres agua,
cuando eres fuente, manantial, sonrisa,
espiga, viento,
cuando eres aire, amor.

Cómo te lo diré,
a ti, joven relámpago,
temprana luz, aurora,
que has de morirte un día
como quien no es así.

Tu forma eterna,
como la luz y el mar, exige acaso
la majestad durable
de la materia. Hermosa
como la permanencia del océano
frente al atardecer, es más efímera
tu carne que una flor. Pero si eres
comparable a la luz, eres la luz,
la luz que hablase,
que dijese «te quiero»,
que durmiese en mis brazos,

y que tuviese sed, ojos, cansancio
y una infinita gana
de llorar, cuando miras
en el jardín las rosas
nacer, una vez más.

EN EL CENTRO DEL ALMA

El alma ha de morir, y es inmortal ahora.
                                    C. B.

A Francisco Nieva.

Allí, en el centro mismo
del ser, allí en el núcleo
impenetrable,
donde continuamente se alimenta
sagradamente un deber de existir,
porque sí, porque es sino,
y signo y simulacro
de otro vivir más hondo.

Allí, donde reside,
no el dolor, mas la vida,
y no cualquiera, mas la tuya,
la alta vida sin bordes,
eterna, porque la eternidad
se agazapa en tan breve contorno,
y en ti muere y acecha,
y en ti vive y se esconde,
mientras existes tú.

Allí, donde no canta
nada, donde nada gorgea, pues que todo

es silencio y es cántico, y silbido
y retenido ruiseñor y urna
de la mañana que no pasa, inmóvil,
cristalina, encerrada.

Allí donde no sufres,
ni acongojado te delatas, donde
quieto te asumes,
y el dolor queda fuera
del témpano de vida
donde vives y eres,
inmortal de un instante,
trueno de ser, aurora de ti mismo,
principio de ti mismo, allí
respondes.

Allí,
donde arrecia el milagro,
la salvación más pura.

CUESTIONES HUMANAS ACERCA DEL OJO
DE LA AGUJA

A Claudio Rodríguez.

¿Será posible Aquello?
¿Será posible un espacio ensanchándose
terriblemente a cada instante,
a cada golpe de humanidad que ingresa
victoriosa en la Luz, a cada racha
de gloriosa miseria acontecida
de amor y de tristeza y hecha luz,
y hecha de pronto luz,
luz que penetra
velozmente en la Luz,
en la Luz única?

¿Será posible que de pronto
entre a empujones, a empellones súbitos,
brutalmente, diríamos,
por las sencillas rendijas del misterio
el hondo mar humano, el oleaje
mísero
de la calamidad y la paciencia?
¿El ojo de una aguja espera siempre
el ahilamiento prodigioso
de la terrible ola embrutecida
del sufrimiento atroz,

y allí los peces íntegros
del verde mar humano
de la pena, y todo
cuanto acontece y es
y cuanto arriba al hombre,
y todo lo demás,
penetrará como la inmensa ola
sagazmente
por la imposibilidad de un agujero?

¿El agujero,
el roto, el descosido
adrede,
el desgarrón que no se ve,
el invisible tubo,
el hueco hilo
más delgado que el sueño
y que la palidez con que bregamos,
soportarnos podrá
terriblemente?

La presión hechizada
del sufrimiento humano,
el poder de la pena,
la irresistible fuerza
que nos lleva hacia allí,
¿forzará las paredes tenebrosas,
raspará en agonía
el duelo, el muro?

¡Quién lo podrá decir!
Sellado está el silencio y oigo el rumor del mar
que el silencio golpea
una vez y otra vez.
...Una vez y otra vez, por si el silencio
tuviese una rendija,
tan sólo un agujero.

A UN POETA SERENO

La inmovilidad de tu ser, que la fatiga de vivir no
    excluye
pero que significa reposo y alucinación
de un saber entregado;
la inmovilidad en que sabes vivir y respirar con natura-
    lidad y ser entre las sombras,
la velocidad de tu personal calma,
de tu ser pleno e íntegro.
Siempre me ha sorprendido tu tranquilidad cuando pa-
    ralizado te mueves,
cuando paralizado te arrojas
más allá de ti mismo, proyectado
hacia tus vertiginosas afueras, de una intemperie plácida,
allá donde tú te levantas repentinamente futuro
y donde inteligible te haces,
súbitamente.

¿Qué es lo que ven tus ojos en aquel alrededor insensato,
en aquel porvenir carnicero, obstinado, remoto,
de donde sólo tú regresar puedes;
qué es lo que ves, qué formas imposibles reconoces y
    apuntas
en la sombra? Tus manos rasguean signos,
palpan en los relieves
de las cosas,
en una realidad que pues no es

123

absurdamente existe allí donde tú reinas.
Palpa, palpita, insiste y dinos
la verdad, el insaciable
rencor con que nos mira
ese montón abominable y hondo
que ha de sustituirnos.
Allí espera ese bulto
horriblemente vivo y palpitante,
obsceno y vivo
atroz, porque respira,
obsceno, pues que existe.
Y miras con tus ojos
la existencia blasfema
que ya nos sustituye,
te sustituye a ti.

Mas tal vez sea otra cosa
lo que miras.
Quizás agazapado está en aquel profundo silencio,
en aquel trágico espacio de universal mudez
un orden de existencias perfectamente lúcidas,
una inteligente reunión de realidades que sistemática-
   mente nos excluyen
del orbe, ay,
sin malicia.

Acaso tu mirada
haya podido regresar de aquel reino
con esa serenidad tan propicia
a los hombres, porque tú sepas
más. Acaso has arribado
a un conocer más hondo,
incomprensible.
Tal vez regenerado por tu sabiduría,
erguido por ese saber tuyo que naciera
bajo de estas espumas
donde ignaros vivimos y flotamos inciertos,
hondo en el mar de tu conocimiento,
hundido allí, en la rocosa arena

firme del fondo, pero extraído y puro aquí para nos-
[otros,
puedas adivinarnos de otro modo
mejor, sabernos hondamente
mejor,
y hondamente mirarnos con sonrisa serena.

PRECIO DE LA VERDAD

A Ángel González

En el desván antiguo de raída memoria,
detrás de la cuchara de palo con carcoma,
tras el vestuario viejo ha de encontrarse, o junto al muro
desconchado, en el polvo
de siglos. Ha de encontrarse acaso más allá del pálido
    gesto de una mano
vieja de algún mendigo, o en la ruina del alma
cuando ha cesado todo.
Yo me pregunto si es preciso el camino
polvoriento de la duda tenaz, el desaliento súbito
en la llanura estéril, bajo el sol de justicia,
la ruina de toda esperanza, el raído harapo del miedo,
la desazón invencible a mitad del sendero que conduce
    al torreón derruido.
Yo me pregunto si es preciso dejar el camino real
y tomar a la izquierda por el atajo y la trocha,
como si nada hubiera quedado atrás en la casa desierta.
Me pregunto si es preciso ir sin vacilación al horror de
    la noche,
penetrar el abismo, la boca de lobo,
caminar hacia atrás, de espaldas hacia la negación,
o invertir la verdad, en el desolado camino.

O si más bien es preciso el sollozo de polvo en la con-
fusión de un verano
terrible, o en el trastornado amanecer del alcohol con
trompetas de sueño
saberse de pronto absolutamente desiertos, o mejor,
es quizá necesario haberse perdido en el sucio trato del
amor,
haber contratado en la sombra un ensueño,
comprado por precio una reminiscencia de luz, un encanto
de amanecer tras la colina, hacia el río.
Admito la posibilidad de que sea absolutamente preciso
haber descendido, al menos alguna vez, hasta el fondo
del edificio oscuro,
haber bajado a tientas el peligro de la desvencijada escalera, que amenaza ceder a cada paso nuestro,
y haber penetrado al fin con valentía en la indignidad, en
el sótano oscuro.
Haber visitado el lugar de la sombra,
el territorio de la ceniza, donde toda vileza reposa
junto a la telaraña paciente. Haberse avecindado en el
polvo
haberlo masticado con tenacidad en largas horas de sed
o de sueño. Haber respondido con valor o temeridad
al silencio
o la pregunta postrera, y haberse allí percatado y rehecho.
Es necesario haberse entendido con la malhechora verdad
que nos asalta en plena noche y nos desvela de pronto
y nos roba
hasta el último céntimo. Haber mendigado después largos días
por los barrios más bajos de uno mismo, sin esperanza
de recuperar lo perdido,
y al fin, desposeídos, haber continuado el camino since-
ro y entrado en la noche absoluta con valor todavía.

Las monedas contra la losa

DECURSO DE LA VIDA

> *«Cuando morimos dejamos una historia, nuestra biografía. ¿Quién ha narrado esa historia, sino nosotros mismos al ir viviéndola?», dijo Pedro a Martín, volviendo la mirada hacia el horizonte.*

¿Desde dónde nos hablas, prorrumpes hacia ti,
   pronuncias
tu relación secreta, tu oscuro
relato hacia la sombra? ¿Desde dónde
narras tu ser hacia la oscuridad,
raspas el paredón de la ignominia
verbal, excavas
tu penuria, te estrechas, te dilatas,
te asombras, te combates, te extremas,
desde qué ruina te haces,
reconstruyes el penoso decir, alargas una mano
para alcanzar la sílaba penúltima, la resbaladiza noción,
y vuelves a empezar otra vez la difícil palabra,
casi completa ya, borrosa ya de nuevo

por su principio inerme, expuesto al hielo, al fuego, al
  exterminio,
cuya primera letra palidece y se anubla en la intemperie
  suave de toda privación,
y luego la palidez se propaga como una onda leve de
  descalificación atenuada,
algo como una tentación de no ser avanzando despacio
por el vocablo entero,
hechizado, extinguido?
Y comienzas de nuevo, sin embargo, con terquedad insólita,
una vez y otra vez,
el tejido sonoro, la trama,
la entrecortada relación, el interminable relato,
en el entresueño de tu decir,
hasta que la palabra empezada y tejida y casi dicha ya,
la palabra porfiada y querida,
da marcha atrás de pronto hacia su origen puro,
velozmente, hasta un cero semántico,
y traspasa la línea del silencio polar,
y empieza a ser negativamente, con poder misterioso, hacia abajo, más allá de la no significación,
desdiciéndose allí enteramente y volviéndose del revés,
  insubordinada, encrespada, en plena rebelión.
v allí se realiza colérica, al fin, en su horrísona realidad
  verdadera,
como un inacabable trueno de sombra,
allende lo vivido.

ERA UN POCO DE RUIDO

Era un poco de ruido.
Jugaba, se movía, decía cosas bellas.
Era un poco de ruido, era un poco de malestar,
pues hacía daño su hermosura cuando se la contemplaba
    de cerca
y en sus vestidos se adivinaba el azar de estar aquí y
    no allí
en los últimos aledaños de un mundo invisitable.

Era un poco de reconcentrada imaginación, o, al con-
    trario, tal vez
un poco de fantasía suavizada por la realidad
de un cuerpo espléndido, metido en oros, o en lluvias, o
    en atardeceres, o en colinas,
pero sobre todo en matutinas pronunciaciones,
en picudas revueltas. Era, en efecto, un poco de re-
    volución
ordenada, hecha serenidad o bien relámpagos;
hecha delirios o catástrofes
bélicas, pero inclinadas todas ellas al bienestar
como si fuesen una proclamación de carmines, o de tor-
    nasoles, o de terciopelos, o de suaves u onduladas
    cadencias,
o de inclinadas genuflexiones u oros
en el atardecer desmayándose...

Y es que era todo él una inclinación a decirnos adiós,
pues resultaba inestable aquí su presencia, o casi impo-
    sible,
como la terrible inmovilidad de una ola
en el mar de su encrespada belleza.

Pues a veces lo podíamos sorprender tempestuoso en
    su plenitud oceánica,
que cedía en seguida para mirarnos con suavidad, como
    un oro
de luz,
o se reducía hasta ser un diminuto, encantador
    engaño en la amplia sombra de mi vivir,
o en mi lengua un poco de dulzura terrible que me des-
    pertaba en la noche
hacia la redención instantánea.

                         Oh, allá,
en el fondo del mundo, parecía empezar a existir una
    luz muy pequeña,
pero sagrada y repentina, un hondo
alentar
muy remoto, algo como una mano
insinuada en un sueño,
o como brazos, que en el lejano cieno
de siglos
intentaran vagamente pugnar,
y llegar,
y abrazarnos...

LA BÚSQUEDA

A Jenaro Taléns

PRECISO es que la puerta permanezca cerrada,
o que se abra intermitentemente, o más bien
que no sepamos nunca en dónde puede hallarse el modo
de abrir la difícil cancela.

Nadie sabría
en qué rincón de polvo inescrutable, en qué oscuro
desván
o severa yacija
habría de encontrarse lo que buscas a tientas, lo que
vanamente interrogas.
y alucinadamente esperas.
Tiemblas
cuando al caer del sol, tras el nogal añoso,
reconsideras con pulcritud, en la insinuada oscuridad,
el lóbrego quehacer de tu vida, la recomenzada labor
que diariamente se deshace, como en un sueño inútil
alguien
ante el auditorio burlón
avergonzado mira, sin comprender su incapacidad para
decir al fin la frase
que lo guarde de la noche y del miedo.

Oh, en esta hora, vergüenza es acaso también lo que
sube del pecho,

133

lo que acaso te ahoga, y miedo,
miedo o un oscuro terror, un algo indescifrable
que del abismo asciende incógnito,
una oscura llamada cuyo origen ignoras,
como ignoras la luz y la tiniebla, el miedo
o la vergüenza, o cuanto ahora de súbito,
cuando la noche se ha instalado,
experimentas en tu corazón, más que nunca de hombre,
que una mano en la sombra estruja amargamente.

LA CUESTIÓN

...oh Dios, oh Centro.

A Vicente Puchol.

Sí, lo sabemos: quieres hallar el secreto recinto,
el invulnerable reducto,
entrar por algún agujero al increíble espectáculo,
penetrar en el laberinto, hallar el poderoso Centro.
Como un ladrón que robase la totalidad de la luz,
hallar, como digo, el Centro poderoso, el absoluto Centro,
el Centro inmóvil de la tempestad que se mueve,
Centro donde nada se agita,
donde todo se absorbe, como el amor, y se detiene en
    sí mismo,
no al borde de sí mismo, sino acabado y lleno,
rebosante como una copa de aparición,
como una enorme copa de manifestación que creciese,
como una ola que siguiese encrespándose más allá de los
    límites de su plenitud,
más allá de los horizontes de su posibilidad;
y siguiese creciendo después, allende los días y el espec-
    táculo del extermino, y el horrendo saber y el gozar
    y reconocerse perdido;
y siguiese creciendo en la duración sin memoria, hacia
    adentro, terrible,

135

como una cascada de perduración que cayese interior, un
   diluvio de bienestar,
una catarata de existencia sin fin que se desplomase, parada, hacia su mismo centro.

Ay, toda la cuestión es entonces entrar en el laberinto,
toda la cuestión se reduce a pasar.
Advertid que se trata tan sólo de un acto de penetración,
un sencillo traslado; acaso baste con un gesto, con una
   idea feliz,
acaso sea suficiente con hallar en el pajar la aguja,
o el camino en el bosque, o en el bosque
encontrar la salida
del agujero, dar con la clave del enigma,
la solución de la charada,

y descubrir el otro lado del abismo, el revés de la trama,
antes de que se desgaste el tejido
bajo los dedos tanteantes...

SIÉNTATE CON CALMA EN ESTA SILLA

A Toni Puchol

Siéntate con calma en esta silla, contempla la naturaleza
    ondulante, los sobrellevados caminos,
los cerros, los anchos castaños robustos, los plátanos de
    tu juventud;
recuerda tu juventud ya desvanecida en la sombra,
perdida en un recodo del viento o en el sendero que ser-
    pentea por la escarpada montaña;

siéntate en esta silla y mira cómo se oscurecen las aguas,
cómo las aguas se agitan en el atardecer bamboleante,
cómo oscila y se balancea la lámpara de la habitación, el
    interminable crepúsculo,
la respiración de las horas, el recuerdo de tu mocedad;
cómo se balancea el salón en que oscuro meditas,
cómo las altas sillas resbalan, cómo vienen hacia la os-
    curidad,
cómo los butacones de la habitación entrechocan, cómo
    cruje el testero,
cómo se mueve y boga hacia lo oscuro el recinto en que
    yaces, las altas paredes inmóviles, el pesado arcón de
    la entrada, el mueble de nogal y la mesa;

cuán lentamente van entrando en la sombra las cosas de
    madera y metal,

los instrumentos de la labranza, los artefactos del re-
construir,
las tenazas, el martillo y el clavo;
cómo en la penumbra penetran el lancinante amor,
el alto precio con que pagaste el regocijo, la escarcha en
el amanecer tras la noche de fiesta,
tu despertar sobresaltado en la pesada siesta de agosto,
tu renacer y tu morir a diario;
cómo se desconchan los muros, cómo se raja el cántaro;
cómo se interrumpe en la noche, con intermitencia angustiosa,
el trajinar de la hilandera, la entrada del hilo en la aguja,
el ir y venir del afanoso émbolo, del sencillo estar en tu
alcoba;
anda, siéntate en esta silla, ponte cómodo, escucha
cómo se apaga hondamente el murmullo del bosque, cómo
calla el jilguero,
mientras por el resquicio de la rota tabla del desván
atraviesa
el largo silbido del viento en el quieto verano.

LA FERIA

A Louis Bourne

... Y cuando yo ya esté desvanecido, o dicho, o clavado
  en una pared,
o extendido en una platina, o encerrado en una vasija,
  una probeta, o simplemente un vaso de cristal;
o acaso en una fórmula o en una idea
feliz, algo duro y metálico, en fin, que pudiese resplan-
  decer
o solamente sonar
por percusión, si queréis, o artificio
de una mano perita;
algo duro, repito, o bien tenso; algo como un tambor, un
  enorme tambor que sonase con un regocijo
estruendoso, para la alegría del niño,
para entretenimiento de la niñera o del aguerrido sol-
  dado...

pasad, pasad y veréis en el barracón el suplicio de la
  estantigua,
el reconocido esplendor del monarca más elevado en un
  pedestal de madera,
el artificio de la condesa que más ama a un caballo,
contemplad a la anciana más afectada por la más incesante o más caudalosa rememoración,

la doncella más definitivamente sensible al requiebro más
delicado o más largo
y al gordo acosado de más cerca por su fiera carne;

pero, pasad, no quedéis en el umbral titubeantes, apre-
surad la compra del billete,
o no respondo de que podáis ver en seguida
al coronel que ha resistido más la tentación de morir,
al rey que ha sabido mejor comprender la tabla de mul-
tiplicar, el abecedario absoluto, la Guía Telefónica de
Madrid en riguroso orden alfabético de calles y avenidas,
entrad sin demora al espectáculo del funcionario público
que ha adivinado más rápidamente y mejor su des-
gracia,
el del condenado a muerte más hermoso del mundo,
la lamentación más sonora del alcalde más alto,
y, en fin, la reunión más conspicua de todos los adelantos
mejores
en este asfixiante día de feria.

ALBA DE LA MUERTE

¿Quién eres tú, crepúsculo indeciso, tras la noche del
    tiempo ahora empapándonos,
en que mojados de indignidad volvemos
de nuestra zozobra a nuestra desazón, de la dicha al can-
    sancio
diariamente, repetido espectáculo,
turnos de furor y de sueño, de felicidad y vileza,
tedio y astucia renovándose,
o de desesperanza y de miedo?
¿Quién eres tú, tras el saludar y el querer,
quién tras el repartir y el aceptar y el moverse,
el inmóvil moverse, o el no moverse e irse,
callarse, estarse, haberse?

¿Quién, tras la noche, hacia el amanecer, como un es-
    tampido en el hueco,
espantosamente florece, echa rosas de súbito y fuera de
    estación fructifica?
¿Qué estridencia rompe el silencio?
                                        ¿Quién canta?
¿Es el gallo de la explosión matutina, el señor de la
    extensión desierta, el príncipe sin coronación y sin ley
en el pueblo sin nadie? El arenal sediento, la calcárea
    reverberación sobre la piedra, el iris,
y allí se escucha de pronto, como digo, el cantar
del gallo sempiterno del amanecer más continuo.
Pues el amanecer ha empezado

al mismo tiempo que la noche, y sin fin,
está ahí, paralelo,
al otro lado de la noche y simultáneamente a ella,
amaneciendo sin cesar, hambrientamente amaneciendo,
recuperando con rapidez para el terrible amanecer sin fin,
avaramente,
la forma de la ola y nuestra mutación y nuestra cúspide,
y en la batalla, el estertor, la ley,
y en nuestro despertar, tras el cansancio,
el amor mismo,
el amor mismo leve,
puro y tan leve como un acto de amor puro como el
    amor,
enamorados, con amor, tan juntos,
quietos en la penumbra, amados...

Velozmente en la aurora todo penetra y es.
En la aurora terrible todo penetra y es.
La aurora se enriquece de formas que penetran
y que son en la aurora. Flotan entre la luz, equidistante,
resto de indagaciones, ecos
de imploraciones, cánticos. Aquella crispación
en el andén humoso. Aquella voz
y el grito aquél
entre la muchedumbre inalcanzable. Y rumores y manos
que se alzan. Y el fusilado contra el muro
está, y el redimido contra el muro
está, y está el fusilador y el redentor.
Y todo igual está.
Y, repentinamente, la aurora ya no está cuando en la
    noche,
a lo lejos, de pronto,
tempranero, entusiasta,
se oye cantar un gallo.

LAS MONEDAS CONTRA LA LOSA

... Que están contados los latidos de tu corazón, las aca-
  cias en flor, las margaritas de la primavera, los llantos
sepulcrales; contadas en la oscuridad
y sonadas contra la losa, en minuciosa comprobación,
las monedas de tu vivir, una a una.
Mira cómo tintinean sobre la piedra, y cómo son apar-
  tadas en oscuro montón
de un sólo golpe rápido por la mano del mercader astuto.
Y te sientes contado e infinitamente narrado
por la misma voz que repite tu nombre
en la oscuridad, una vez y otra vez.
Y eres como un soplo de aire,
una burbuja que se llena de vaciedad insólita,
una pompa de viento enormemente hinchada de noche,
soplada y ahincada de noche, deformada y agrandada de
  humo, henchida de vacío y de miedo.
Y escuchas que alguien cuenta lentamente tus horas,
y exquisitamente las cuenta y las repasa y las paladea y
  las pule,
como piedras de río o madera de sándalo;
las pule y las hace exhalar con escarnio un olor que es
  doctrina,
y las hace brillar y esclarecer, y es escarnio.

Pero no mires ahora hacia el lugar donde se te avergüen-
  za y desnuda

y desposee, y sin voluntad te abandonas y te dejas robar
hondamente. Y has de entregar allí un corazón que
amaba,
un ojo que miraba y un oído que oía,
la boca que reía y que gozaba.
Y has de entregar el valle con sus nieblas,
el aire con sus brisas,
el río, el odio, el llanto.

... Y pues el agua suena y la cosa es así y el aire gira
tan delicadamente aún y sus hilos extiende,
no des un paso más, pues contados están cuantos dieres
y es tu vivir lo que está en juego,
amigo. Contempla
a barlovento las gaviotas. Vuelan
alrededor de ti. Pero no mires Piensa
que tus miradas, una a una,
han sido enumeradas
también. No gastes más palabras. Todos
los vocablos
están sabidos. Échate
sobre la cama inmóvil. Cierra los ojos fuertemente. No
llores, pues tus lágrimas,
una a una, contadas
han de estar. No sueñes, no acaricies,
no mudes, no desdigas,
no propicies,
no cantes.
Ni siquiera susurres como un río o un viento
en el atardecer de un junio lento y lánguido...

EL RÍO DE LAS HORAS

(Tiempo en las cosas)

> *«El tiempo está en las cosas, en tus dedos,*
> *en esa mesa de nogal...»*
>
> C. B.

Como si la maldad físicamente existiese,
tal un objeto, un útil, o una forma
dura y tenaz,
tocable y abarcable;

así, pero quitada toda solidez
o tenebrosa sensación,
quietamente fluido, pero no como el agua y mucho más
    que el viento,
oscuro, sin ser exactamente la ceniza,
transparente más allá del cristal,
irreversible como una espina,
avanza
en la noche,
implacable, este río.

Avanza silencioso, imperceptible
entre mis dedos, simulando su forma,
precisamente cual si fuesen dedos;

con astucia, disfrazado de armario,
avanza por la habitación,
avanza inmóvil como un ataúd;
finge ser ataúd, arzobispal
reposo, quieta constelación,
ardiente llama y frenesí...
Inmóvilmente se arroja o determina
como cama de roble en el silencio ambiguo y la inmo-
    vilidad de la sábana blanca;
finge ser moribundo y luego muere en él,
como si hubiese muerto, y sigue andando...

ELUCIDACIÓN DE UNA MUERTE

Fuese todo como si el libro, no terminado de leer,
   continuase aún allí,
en la mesa, que permanecía
inalterable sobre el mismo suelo
de madera de roble,
que duraba también. Todo lo mismo
en el comienzo, cual si fuese difícil habituarse
a una perpetuidad feliz. Pero los bordes
de la mesa o del libro
empezaron muy pronto, poco después tan sólo, a hacerse sospechosos
de parpadeos, de perplejidades,
de rendiciones y cancelaciones,
o al revés, de promesas, de cambios, de matices
sinuosos, curvos acaso por el lomo o el pie;
sospechosos, repito,
de algo como fosforescencias retardadas, o de iris
suaves, resplandores
astutos, sólo insinuados por el extremo hábil
y sofocados pronto, aún más tal vez, incluso, para el ojo
del inmóvil, que todo lo miraba
todavía
desde la orilla
aquélla,
del otro lado
que era este lado mismo,

pues nada había, al parecer, allí que fuese
mensurable, aunque todo lo era de otro modo
más grave hacia sí mismo,
y cada cosa continuaba idéntica
a su más hondo ser, a su más entrañable
conciliación de sombra, pero con un sosiego tan pausado
que podía escucharse
y sonar duramente en el silencio;
que podía decirse en el silencio
de la amplia realidad en que caía
continuamente, como un chorro puro
de atardecer enajenado. Así
cada objeto iba entrando poco a poco,
sin moverse,
en la diafanidad lenta de otro lugar que era este mismo
lugar,
y, sin embargo, no lo era.

El libro continuaba
allí, sobre la mesa, fiel a sí mismo,
pero, no obstante, titubeaba o desaparecía
a veces, un momento, ausentándose
parcial o totalmente,
como si no pudiese resistir
más que de un modo fragmentario,
intermitente,
alguna oscura tentación
crepuscular,
cierta atracción remota. Ocurría lo mismo
con al mesa. Todo era como una melodía
que impusiese frecuentes calderones
a su sentido más oscuro. Todo
volvía, sin embargo, a su ser,
todo caía
en su mismo cansancio,
todo recomenzaba,
ahincándose
otra vez y otra vez
en su pesada realidad,

en su resistente materia,
en su insistente forma de reconocibles cuidados,
aunque fuese
a cada ocasión más penosa
la llegada al hogar, el regreso, la continuación de la frase
sonora, interrumpida,
que nos decía algo,
que estaba a punto de decir
algo definitivo en el atardecer,
o en el jardín de rosas, o más allá del mundo;
que estaba a punto, cuando
el silencio se hizo
más hondo. Alguien
aplicó entonces su oído para oír,
y su ojo entonces aplicó para ver,
pero nada llegó, nada se oyó o se vio
en el largo salón donde el muerto, difícil,
definitivamente moría.

INVESTIGACIÓN DEL TORMENTO

I

TODA emoción se origina y se hunde en la realidad,
   arraiga como un árbol en ella, y de ella vive y se
   nutre, la representa y pone
como un actor en el escenario, o un hábil diplomático
en el salón del trono. Por eso podemos empezar por decir,
   cuando hablamos de ella, que a veces
la emoción ha de vestir uniforme y representar un papel
   en la sociedad, e incluso no asombra
verla ostentar medallas, entorchados o cruces. Todo eso
es natural en su oficio de mediación, de suasoria emba-
   jada.
No la debéis llamar entonces desconsiderada, azarosa, ca-
   prichosa, arbitraria,
nombres que convienen tan sólo
al indisciplinado intelecto razonador.
Ella, en efecto, al revés, sigue ordenadamente una pauta,
   obedece un dictado, interpreta concienzudamente la
   vida. En verdad,
siempre nos dice algo, sabroso y repentino,
sobre la realidad que examina. Tiene rigor de axioma,
pero no sólo eso; deduce sin titubear, no vacila
como la claudicante razón, menesterosa, torpe,
indecisa. Es saber instantáneo, como un relámpago de lucidez

sensible, en mitad de la noche, y hermosura
expresada del mundo; es un decir
secreto entre la sombra, esto es, a plena claridad.
   Es pensamiento
de tan reconcentrado,
invisible; de tan puro,
volátil, como aroma
de rosa, exhalado de un pétalo, de un estambre, de un
   hilo
de luz, o corola, o ensueño. Es sapiencia
suprema, que al servicio
de la realidad se enmascara, para ser eficaz, de disparata-
   do trastorno, finge locura, exige reja,
delirante,
cuando es, por el contrario, meditación
más allá de toda formulación
impertinente. De hecho, aparece como reflexión
agilísima, tal los ángeles
según Santo Tomás (pero de otra manera
más sutil), aunque a veces esta reflexión pueda ser espantosa:
así, cuando sufrimos tormento y nos duelen, unánimes,
   las raíces del ser, y uno a uno (ahora sí, lentamente),
todos sus (ahora sí) reconocidos tentáculos. Todos,
sin dejar en olvido una mota de polvo sobre la levedad de
   un cuidado.
El dolor del tormento es, de este modo, una proposición
infernal, diferida; ciencia en llamas
mortales, levantado
decir, sosteniéndose
en vilo
sobre el ascua
extrema;
teoría, pero una teoría
interminable, extremadamente minuciosa, ordenada,
que examina lentísima, con esmero y escrúpulo
exagerados,
cada porción de realidad
adquirida,

y avanza un poquito tan sólo por el parsimonioso sendero
de la verdad
difícil,
para volver a empezar otra vez,
y otra,
no fuese que la suave
pinza, la antena
tanteante,
haya olvidado
quizás
un recodo, un menudo
pormenor, una arenilla
pálida,
en el largo camino que se pierde a lo lejos...

II

Y es así como el dolor del tormento resulta ser deta-
llada revelación
de invisibilidades, extraídas y expuestas como una durísi-
ma conclusión;
conclusión o enunciado
exhaustivo, cuya mera existencia
niega todos los otros por anulación
subitánea, los pone cabeza abajo sobre el abismo,
y los hace brillar al revés, lentamente, hasta la extenua-
ción,
en una radiación hacia nada.

El dolor del tormento es entonces indagación en la
insignificación de la vida,
cuantioso examen de su realidad más profunda que empieza por reconocerle fronteras,
los fosos donde comienza el castillo roquero, los muros
levantiscos de la inenarrable ciudad,
tan dificultosamente erigida.
Y he aquí que ha llegado la hora del asalto a los torreo-
nes,

el momento del ataque por sorpresa, al pie de la muralla,
  poco antes del amanecer;
la hora de la ciudad sitiada, la hora de la verdad apren-
  dida
poco a poco hacia adentro,
retrocedida amargamente hacia adentro,
como un inacabable y tumultuoso quehacer.

LETANÍA PARA DECIR CÓMO ME AMAS

ME amas como una boca, como un pie, como un río.
Como un ojo muy grande, en medio de una frente solitaria.
Me amas con el olfato, los sollozos,
las desazones, los inconvenientes,
con los gemidos del amanecer, en la alcoba los dos, al
 despertar;
con las manos atadas a la espalda
de los condenados frente al muro; con todo lo que ves,
el llano que se pierde en el confín, la loma dulce y el
 estar cansado,
echado sobre el campo, en el estío cálido,
la sutil lagartija entre las piedras rápidas;
con todo lo que aspiras,
el perfume del huerto, y el aire, y el hedor
que sale de una pútrida escalera;
con el dolor que ayer sufriste y el que mañana has de
 sufrir;
con aquella mañana; con el atardecer
inmensamente quieto y retenido con las dos manos para
 que no se vaya a despertar;
con el silencio hondo que aquel día, interrumpiendo el
 paso de la luz,
tan repentinamente vino entre los dos, o el que invade la
 atmósfera justo un momento
antes de la tormenta;

con la tormenta, el aguacero, el relámpago,
la mojadura bajo los árboles, el ventarrón de·otoño,
las hojas y las horas y los días,
rápidos como pieles de conejo,
como pieles y pieles de conejo, que con afán corriesen
    incansables, con prisa,
hacia un sitio olvidado, un sitio inexistente, un día que
    no existe,
un día enorme que no existe nunca, vaciado y atroz
(vaciado y atroz como cuenca de ojo, saltado y estallado
    por una mano vil);
con todo y tu belleza y tu desánimo a veces cuando miras
    el techo de la alcoba sin ver, sin comprender,
sin mirar, sin reír;
con la inquietud de la traición también, el miedo del
    amor y el regocijo del estar aquí,
y la tranquilidad de respirar y ser.

    Así me quieres, y te miro querer como se mira un
    largo río
que transparente y hondo pasa,
un río inmóvil,
un río bueno, noble, dulce,
un río que supiese acariciar.

DESDE TODOS LOS PUNTOS Y RECODOS
Y LARGAS AVENIDAS DE MI EXISTIR

Al poner ahora la mano sobre el papel, me doy cuenta
de que yo no soy sólo ese hombre que medita y tacha
    acaso una palabra, y la vuelve trabajosamente a escribir,
sino también el niño que ahora mismo, en la norteña
    tarde de agosto,
corre pálidamente por la pradera, hacia el río,
siempre hacia el río dulce el niño corre,
pálidamente, infatigable corre
veloz, por el mismo sendero, sin moverse, incansable,
    hacia el mismo lugar que le espera.
¿Qué es lo que veo ahora,
después, aunque hace mucho,
aunque hace mucho tiempo,
después, pero ahora mismo;
qué palidez se extiende y se extenúa por el rostro de
    aquel
que hacia septiembre camina aún
ensimismado, hacia una meta oscura?

¿Quién miro, tras esto, marchar en busca de algo, yo no
    sé, de un raro pormenor, de un pórfido, un matiz,
un color, un olor de una flor,
y está llegando al fin
a lograrlo
como un pie que posase

hacia adelante
mas en camino que retrocediese?
Siempre llegando a algún lugar, y sin llegar jamás, como
   yo mismo ahora,
el niño va, el muchacho sonríe
a alguien, a quien desde aquí no puedo divisar;
el hombre sufre, el maduro suspira, el viejo ríe
de su propio dolor, de su ansiedad sin comunicación,
de su azar, de su ley...
El hombre niega, la noche se adelanta
desde su pie hacia el mundo,
pone la mano en el timón, navega.
Y al mismo tiempo, el viejo que aún no soy,
está ya contemplándome
ahora, mientras escribo estas palabras,
mirando fijamente mi rostro en la penumbra de esta
   alcoba,
y el muerto yace en el negro ataúd y alguien dice: «Ya
   ha muerto.»

Y en este instante, desde todos los puntos y recodos y
   largas avenidas de mi existir,
desde orillas de juncos, junto a lagos, en sueños,
desde sábanas hondas como abismos, cual culpas,
desde la profundidad misma del dolor,
desde el quejido del amor en las noches de amor,
desde tu dulce amor y mi amor dulce,
desde la felicidad de haberte conocido aquella tarde de
   aquel día y amarte tanto hoy;
desde la noche, desde la esperanza;
en el amanecer, al ir a la estación
para encontrarte; al venir
por el campo, en el mar, sobre la arena;
desde el enfado y la reconciliación,
después,
al comprender, por fin, mejor,
mi error,
tu error;

en ese instante, o este instante, digo, desde todas las
   regiones de mi vida
en simultaneidad,
desde todas las bocas de la innumerable criatura que
   soñolientamente fui, que soy, que sigo siendo,
a cada momento cárdeno o estallado o propagado de mi
   vivir,
a cada momento, sin embargo, absoluto,
silencioso, entornado
como una puerta, entreabierto
hacia un jardín
de glicinias
o flores misteriosas, o deslizadas primaveras, o transpor-
   tes, o dichas
extrañas,
desde ti, que navegas como un témpano blanco a un
   confín de dulzura,
desde todas las entonaciones y propulsiones y acentos de
   mi madurado y transfigurado vivir,
mientras la noche llega y la noción se extingue,
estoy diciendo algo, que no entiendo, no oigo,
no pronuncio, no digo,
estoy diciendo algo, murmurando
algo, no sé,
a alguien, quizás,
que no sé quien,
quizás,
pudiera muy bien ser
o haber sido.

EL GUIJARRO

A Elvireta Escobio

I

MIRA con ojo puro
a las cosas estar, el enigma
de su presencia misteriosa, hondamente improbable, **y**
  junto a ti,
Porque un mero guijarro
es tan inverosímil como un ángel,
tan imposible como una deidad.

No puede ser que sea, y no pudiere ser, y, sin embargo,
el inverosímil guijarro
se obstina apareciendo contra toda razón,
te desafía como una blasfemia, y coléricamente
está siendo. Lo tocas.
  Y puesto que su presencia continua ante tus ojos
resulta incomprensible y necia, y es como una impostura,
te has puesto a imaginar otros modos de estar, más ac-
  cesibles
a tu desalentada inteligencia,
de ese guijarro milagroso que insiste frente a ti
como huracán que consistiese
en maravillosa quietud.

II

He aquí, pues, el redondo guijarro,
su don fluvial, su incesante
ser que se reconstruye
continuamente, como el río o el mar.

Podría hablarse
así
de criaturas que en instantánea ráfaga saltan al ser desde
muy lejos,
con velocidad absoluta, cual las olas
salvan en un instante la infinita distancia de la nada
hasta el ser que ellas son.

Tempestuosamente y con espuma
marina,
en lluvia y viento y amarilla tormenta,
brinco salobre desde la nada pura
hasta hacerse guijarro
inmóvil, sólo un momento, aún húmedo de niebla, a la
luz de un relámpago.

Y caer
después entre la noche de la aniquilación,
para volver a hallarse de nuevo entre nosotros
ágilmente, todo en un golpe único, por la velocidad
de llamarada más ígnea aún que el fuego,
más rápida y ardiente que su sublimidad.

Y eso de tal manera, y en parpadeo tan fino y tan vi-
brátil, que lo que contemplamos
es la tranquilidad de una tersura
continua, el pulcro acierto mineral de ser
un modesto guijarro, monótono, inocente,
lavado en muchas aguas,
salvador de mis penas,
cuando aparece claro, quieto ante nuestros ojos,
ellos, sí, tan fugaces.

IRÁS ACASO POR AQUEL CAMINO

Irás acaso por aquel camino en el chirriante atardecer
de cigarras, cuando el calor inmóvil te impide, como un
   bloque, respirar.
E irás con la fatiga y el recuerdo de ti, un día y otro día,
   subiendo a la montaña por el mismo sendero,
gastando los pesados zapatos contra las piedras del camino,
un día y otro día, gastando contra las piedras la esperanza,
   el dolor,
gastando la desolación, día a día,
la infidelidad de la persona que te supo, sin embargo,
   querer
(gastándola contra las piedras del camino), que te supo
   adorar,
gastando su recuerdo, y el recuerdo de su encendido amor,
   gastándolo
hasta que no quede nada,
hasta que ya no quede nada
de aquel delgado susurro, de aquel silbido,
de aquel insinuado lamento;
gastándolo hasta que se apague el murmullo del agua en
   el sueño,
el agitarse suave de unas rosas, el erguirse de un tallo
más allá de la vida,
hasta que ya no quede nada y se borre la pisada en la
   arena,

se borre lentamente la pisada que se aleja para siempre
    en la arena,
el sonido del viento, el gemido incesante del amor, el
    jadeo del amor,
el aullido en la noche
de su encendido amor y el tuyo
(en la noche cerrada
de su abrasado amor),
de su amor abrasado que incendiaba las sábanas, la alcoba,
    la bodega,
entre las llamas ibas abrasándote todo hacia el quemado
    atardecer,
flotabas entre llamas, sin saberlo, hacia el ocaso mismo
de tu quemada vida.

Y ahora gastas los pies contra las piedras del camino
despacio, como si no te importara demasiado el sendero,
demasiado el arbusto, la encina, el jaramago,
la llanura infinita, la inmovilidad de la tarde
infinita, allá abajo, en el valle de piedra
que se extiende despacio esperando despacio
que se gasten tus pies, día a día,
contra las piedras del camino.

SALVACIÓN EN LA MÚSICA

A María Teresa Prieto

La música nos crea un maravilloso pasado, nos instala en
    otro país
donde florece con naturalidad la cineraria, o donde el
    carbunclo, escondido, reposa;
o nos inventa junto a un ramo de moradas hortensias,
    próximas al más punzante azul,
o bajo un castaño, en una abrileña mañana.

Estamos mirando con intensidad esas flores y nos damos
    cuenta de que somos más lúcidos, más intensos de lo
    que solíamos,
nos sorprendemos extrañamente inmóviles mientras nos
    agitamos y damos la mano a una antigua amistad
a la que jamás conociéramos;
o corremos con desesperación hacia la persona que ama-
    mos desde hace mucho, tras mucho acontecer y penar,
    en insomnios acongojantes, sobre arena baldía.
Corremos hacia la persona que amamos de ese modo,
bien que nunca supimos su rostro, ni nuestro corazón se
    conmovió ante su ser.
Estamos en un jardín donde todas las rosas resultan
    significativas,
o en una selva, donde el desorden no es caos, sino reve-
    lación de una hondura que precisa la declaración de

un tumulto, abundancia de lianas que descienden perezosamente y con profusión calculada del árbol de la
goma,
o del baobab o de la poderosísima ceiba.
Estamos aquí, o allá, o acullá, y somos esto o lo otro,
miserables, reconcentrados,
condescendientes, altivos, fríos como el mármol, coléricos.
No tenemos identidad, pero somos
verdaderamente, a cada momento, en ajustada precisión,
en ráfagas de verdad absoluta, con entrecortada
eternidad balbucida, sonora, que no podemos suponer,
en ningún momento, irreal.
Estamos en las ondas intermitentes de un viento de
perennización
colosal,
que a cada instante nos asalta y modela en otra figuración
y otro sino, a partir del cual podríamos iniciar nueva
vida.
Es un sofocante siroco, o un tifón en la China,
una brisa moderadora sobre un vergel, un soplo de otoño.
Caen las hojas amarillas del árbol, y el suelo se cubre
de espesor vegetal;
cae el amor, el odio, cae el humo
del vivir, lentamente;
en giros pausados la hoja del álamo cae;
la del chopo, tan inocente, la ancha del plátano en la
alameda;
la hoja de la amistad y el rencor, la hoja de la indiferencia.

Y mientras esto sucede y todo cae
sobre la tierra, y llueve y hace frío, y el cielo se serena
después,
y hay sonidos puros de amanecer, y anochece, bajo los
árboles, en la inmovilidad del sotillo,
o en la llanura, inmensamente poderosa y quieta,

el ábrego sopla o el alisio o el viento marero o terral,
y somos soplados allí, y verdecidos, y vueltos a florecer,
congruentes al fin,

sin contradicción, como orbes
cerrados, como círculos, sin resquicios ni puertas, pare-
cidos a cálculos.
Soplan físicamente esos vientos o brisas, pero lo hacen,
continuamente, mucho más allá del insignificante
acontecer,
del insignificante nacer, amar, sufrir,
del insignificante no poder más ni resistir al tormento
del injusto torturador,
más allá, en fin, del insignificante envejecer, del insignificante morir.
Pues ¿qué es la muerte en sí misma sino un ardid, una
trivialidad de la innecesaria materia?
Pero en ese otro espacio de oreo y continuidad,
no hay muerte sino significación del morir,
ni vida y nacimiento, sino sentido y ser.
Las cosas se hallan en una resplandeciente relación filosófica, puramente semántica,
y allí somos inteligentes correspondencias, correlaciones,
tronos de resplandor inocente, pomos de suavidad y
esencia,
olores metafísicos, bóvedas de amistad.
El padecer es luz cristalina; el engaño
es amor; el odio es la caricia de una mano
sedosa, exactamente como la celinda, o como la gratitud
o el ensueño.
Y desde el otro lado, desde aquí, donde el viento no
sopla, desde la calma chicha,
desde aquí, donde nos restregamos inútilmente los ojos
para ver y aguzamos el oído para oír, y el olfato
para percibir los olores o la lengua para gustar,
desde aquí, donde el dolor nos duele y la rosa nos finge,
golpeamos las paredes de la iniquidad, arañamos física-
metne el muro de la lamentación,
para poder mirar por algún agujero el campo infinito,
donde soplan espirituales las brisas indolentes de mayo
y los serenos vientos de agosto.
Es la música: oídla.

CORAZÓN PARTIDARIO

A mi hermano Luis

Mi corazón, lo sabes,
no está con el que triunfa o que lo espera, con el jura-
    mentado mercader
que acecha el buen provecho, se agazapa, salta sobre la
    utilidad, que es su querida,
busca ganancia en el abrazo,
obtiene renta de las mariposas y pone rédito a la luz,
cobra recibo por los amaneceres milagrosos,
por la cambiante gracia del color
de una invisible rosa apresurada,
dulce y apresurada
como si fuese un hombre o una llama
o una felicidad humana: sí.

Mi corazón no está con el hombre que sabe
de la verdad todo lo necesario
para olvidar el resto de ella,
satisfecho del viento, poderoso del humo, canciller de
    la niebla, rey acaso,
pero nunca de sí.

Mi corazón está con el que un día,
quitado el brillo breve, retirada la gracia que hasta allí
    le alentó,

en bajamar hostil todo cuanto nos hace
dulce la realidad, leve la vida, adorable la luz,
sabe decir: «no importa».

Mi corazón está con el que entonces,
en el vaso que una mano de niebla le tiende entre la
    sombra,
bebe hasta el fin, con lucidez,
sin amargura,
toda la hez del mundo.

Y luego, seriamente,
                    allá en lo alto,
mira, con ojo nuevo,
el cielo puro.

FORMULACIÓN DEL POEMA

CON la vida hecha añicos, despedazado el cántaro;
rota la soledad como una urna; la alegría
de aquella fina mañana, junto al mar,
destrozada porcelana de Sèvres; hermoso
plato de Talavera, la amistad y el amor,
hecho trizas aquí:
fragmentos duros de instantes, ruinas de primaveras, de
   crepúsculos, polen
de dicha, brillos repentinos de horas a la sombra del
   olmó, en el jardín,
por el suelo;
bordes cortantes de semanas, de días
afilados como cuchillos; lentos
minutos de zozobra y dolor,
reverberando ahora;
trozos de baldosas, cristales
de botellas y vasos
con interrumpidos dibujos de interminables meses
amarillentos o rojizos
(como el ardiente amor);

con todo eso, en adoración fulgurante, en quehacer
   lento,
en fervoroso tacto,
levantar nuevamente con pulcritud y esfuerzo, sin que le
falte nada, el muro, el pasadizo (estrecho, oscuro) por
   donde fuiste difícilmente penetrando

hasta llegar aquí,
llena de cal la ropa, y el aliento,
mísero; volver a levantar el túnel, el ojo de la aguja,
pero que sea al mismo tiempo templada habitación, gozo-
    sa y ancha,
primaveral, extrema;
abrir un boquete en la noche para que entre la luz y pue-
    das ver;
luz a raudales para que puedas ver
tus manos, a las que nunca viste;
mirar tu rostro en el espejo, tus ojos, tu cansancio
en el espejo, para siempre, por una vez no más;
un agujero solo, un mínimo apetito
de luz, sólo por una vez, para mirar
por él mínimamente el aire transparente,
remoto.
Por una vez, el aire, el sol...

LA BARAHÚNDA

APRESURÉMONOS, levántate, deja el vaso de whisky
sobre la mesa y ponte en actitud de bailar,
porque ha llegado la hora de la fiesta y el difícil momento de la alegría;
apresúrate, vamos, se hace la danza en todo el salón, la
silla se convierte en un sonido de flauta, la mesa
se pone tensa y sonora como un tambor, el viento sopla
en una esquina su monocorde fanfarria,
el oboe se despereza, el trombón se acrece como si fuese
un globo o una garrafa de ron dispuesta a estallar;

deja el licor en el vaso, y prolonga en tu cuerpo el ritmo de los acordeones,
descompasados, perezosos, rotos como una botella o un
vaso;
ven, baila, bailemos, el garrafón del coñac se dispone a
cantar,
el río suena, suenan y resuenan las vigas, el techo se
agrieta, brama el muro de pronto,
cae sobre mi rostro un poco de arenilla,
apresurémonos que la bóveda oscila y el salón empieza a
girar
rápidamente, qué es esto, y empieza a girar la mesa, un
músico se arranca una ceja, un ojo,
le falta un brazo a Carmen, a Amparo la uña,
un pie a Rodrigo, cojea, vacila Pedro,

se encoge Lorenzo, arde Juan, se arroja al río entre llamas Alfonso,
Antonio grita, el techo se derrumba sobre nosotros, el
 primer violín, lleno de cal, se declara a la viola
que gime debajo de la mesa, derribada por una columna,
danzan ante el espectáculo del desabovedado concierto
Pedro, Antonio, Rodrigo, Carmen, Amparo, Lola,
Lola la guapa, la incesante bailarina absoluta,
sigue danzando frenética, da una vuelta ahora, gira súbitamente alegre,
risueña, pasa eufórica por encima del cadáver de Antonio,
 del doliente Jenaro,
del aguerrido bombero que en la sala
toca desesperadamente el clarín y convoca
con denuedo a sus hombres
para que acudan sin demora a la pista
y ayuden a extraer bajo los escombros las víctimas
del menesteroso concierto,
del que tan sólo sobrevive, extinguiéndose,
el sonido insistente del solicitante clarín
que, sin éxito, aún a intervalos,
remotamente, como al otro lado del mundo,
miserablemente, resuena.

INVESTIGACIÓN DE MI ADENTRAMIENTO
EN LA EDAD

(Cuerpo viejo)

«Y caerá sobre ellos el castigo de hacerse viejos y ver sobrante y como desocupada su piel, y todo será como un crecimiento superfluo...»

Es el comienzo del no ser, la aurora
que se anticipa y crece por todos sitios, se afila para
    entrar en las venas, insinuante, tal vez a causa de su
    brillantez, o quizá
se infiltra en ellas por sorpresa, al menor descuido, en
    forma de alfiler o de aguja, en forma de hilo, y ya
    allí
es cuando comienza, poco a poco, a inflarse como un
    globo; otras veces
crece dentro desde el principio, y se hincha al modo
    del calamar, o del pulpo cuando en el estertor expul-
    sa agua metódica en chorros intermitentes;
el globo adopta con frecuencia formas monstruosas, algo
    grotescas por el lado izquierdo; por el derecho
adquiere de pronto soledad, llena sobre todo de aire.
Y se da el caso que es justo en ese momento cuando
    cada cosa rivaliza en actividad, cuando comienza la
    carrera, el salto de vallas,

cuando se pone en ejercicio el frenesí de la multiplica-
ción, el frenesí de la materia galopante;
entran las cifras por un lado de la maquinaria y salen
convertidas en númenes, o en velocísimos ciervos, o
antílopes
llenos de terror en la estepa;
o las cifras se llenan de ceros, como si fuese un caso de
alta prestidigitación;
los émbolos funcionan incesantes; penetran las guitarras de súbito en la sala de máquinas
y el ámbito se puebla de música. Es el estruendo de
estío, el ruido de la procreación
multitudinaria, el alzamiento de una melodía
infinita, analizada infinitamente al revés por un músico
experimentado en desórdenes.
Y todo crece como un laberinto complicándose en la
interminable planicie
desierta, que nunca termina
de hacerse, y prosigue, no obstante, monótonamente,
extendiéndose informe, a medio estar, a medio caminar
por el extraviado dolor.

EL ERROR [8]

Tiene que haber un error en la cuenta,
un roto en el calcetín, una trampa en el juego;
a nuestras espaldas alguien se bebe todo el alcohol de la
   dicha, y se emborracha hasta caerse;
alguien se hace a escondidas con el trigo de la cosecha y
   la dulzura de las significaciones.

Buscad en el sótano o en el cuarto de los muñecos la
   razón de la encrucijada,
pues ha de ocultarse un acontecer poderoso tras el hecho
   de merendar ahora en el cenador, bajo el emparrado,
   o a la sombra de los cerezos.
Forzosamente habrá un significado detrás de cada vil
   instrumento,
una matemática del padecer en que cada latigazo es un
   número.
He aquí la felicidad del encuadre de los sistemas exclu-
   yentes,
la coexistencia de las dos verdades, la cuadratura de la
   imposibilidad.
Ante nosotros se ofrece el encaje soberbio del horror y
   la música,

   [8] Poema escrito después de publicado el libro *Las monedas
contra la losa,* pero que pertenece a su ciclo. Inédito hasta hoy.

el engendro de la cifra entusiasta, la melodía del nacer
   y el morir.
Se vislumbra por algún sitio la hermosura del agua de-
   rramada en el suelo,
el encanto incesante de la gotera que nos hace reir.
Ved como todos danzamos alrededor del fuego,
ponemos los pies sobre los tizones con naturalidad,
nos aproximamos a la llama con alegría, nos familiariza-
   mos con la pavesa.
Henos danzantes, gozosos, en torno de la ceremonia y
   del rito,
en el ritmo que nos congrega en el instante de la cre-
   mación.
Henos aquí sin miedo, como si alguien tal vez, distraida-
   mente tal vez, o jugando de nuevo,
nos fuese hacer mágicamente surgir,
palomas sorprendentes en el sombrero o el bolsillo del
   hábil prestidigitador,
por el otro lado incipiente del caduco horizonte.

PERRO LADRADOR

I

AL Norte, al Sur, al Este y al Oeste
ladras; pequeño ladrador de diminutas
invisibilidádes, tercas delicias en el jardín amigo, alguna sombra
de un pájaro que pasa, alguna brizna
leve de hierba. Registras con meticuloso ladrido
la pormenorizada realidad de las cosas, dulces triviali-
dades
que tú conoces y amas: el movimiento
imperceptible de una hoja
suave de acacia; un temblor solo,
su sombra nada más, y ya estás tú ladrándole a la vida,
aplicado hondamente a tu oficio
serio, ronco, tenaz, desapacible,
en la mañana luminosa, descuartizando el día,
troceando la luz indivisible, disponiendo
en brusca taracea el roto cántaro
de la dispersa claridad, que salpica y asalta,
como si fuese espuma en mar bravío,
acantilados, torres, casas, muros,
y mis oídos siempre, dulce perro
sin paz, que no me dejas
vivir, y te adelantas
a anunciarme estruendoso a cada instante

la redención altísima: en el cedro
un gorrión se ha posado y se movió en la rama
sabia-
mente.

II

Pero otras veces, sin saber yo cómo,
te me quedas mirando con tus ojos
cariñosos, atentos
a un regresar de algo que no llega, y de pronto
me aúllas, aúllas a mi vida, al enorme vivir que de mí
    esperas,
río que fluye y no da lo que pides, lo que sin duda ne-
    cesitas
ver venir desde lejos
para mí, junto a ti.

Ladras desesperada-
mente a las cuatro esquinas, a las cuatro estaciones,
a la luz, a la sombra, a la distancia,
ladras contra los árboles
del río, contra la peña gris y el remolino
que hacen allí las aguas,
las dulces aguas grises de tu amo,
el turbio y peligroso gris del hombre.
Y vuelves a ladrar contra la realidad entera de esas
    aguas,
acaso desbordadas, siempre inciertas,
pantanosas tal vez, oscuras, tenebrosas.

Ladras interminable
y te parece que el riesgo se disipa
si cubres incansable con tus ladridos protectores
el firmamento entero, el total mundo,
sin que ningún resquicio abra al silencio
peligroso una entrada
sutil,

por donde pase,
               con delicadeza,
el puro hilo,
el soplo imperceptible de lo que no se nombra.

SOLA

Llovía mucho sobre la ciudad, pero tan sólo ibas,
abriendo el paso de tu soledad,
con tu penar, cual muerto que anduviese
hacia la tumba.
                  Caladas por un agua de nieve,
las gentes iban y venían. Tú,
en medio del chubasco o la cellisca,
ibas también, venías
por tu dolor aún más que por la calle.
El sufrimiento es muchas veces seco
como el esparto o un armario roto
de carcoma, de polvo o telarañas
en desván sofocante o en trastero
oscuro.

Llovía en la ciudad inmensamente
y hacía frío además, pero tú ibas
bajo del agua torrencial, enjuta; indemne
en otro sitio
irrespirable, caluroso, seco,
bajo de techo, sin ventanas, pobre,
allá en otra estación
de otro tiempo tal vez,
donde tú padecías, sin mojarte
jamás
en lluvias como ésta de ahora, diluvios despreciables

de esta ciudad, por donde caminabas
apresuradamente en este instante, buscando algún portal
    o alero protector;
despreciables, he dicho; pero debí tal vez decir acciden-
    tales, ya que pertenecían
al mundo serio de la historia, y pues que verdadero,
sin realidad
Tu, en cambio, padecías
más allá de las aceras mojadas, de los escaparates y los
    cines
de lujo, de los coches
veloces, de los apresurados transeúntes, oficinistas hábi-
    les, porteros,
hombres de las finanzas, personajes
majestuosamente definidos
por el respeto general, o bien poetas, rigurosos
astrónomos o físicos, expertos
matemáticos, gentes al cabo todas
sin significación. Estabas en una avenida
de tilos, y llovía o nevaba, y decías a alguien: «hace
    frío», «es ya tarde»;
pero residías definitivamente entre unos muros
desconchados, emparedadamente cierta, sola. sudando de
    esforzarte en subir hasta alguna imposible claraboya,
    una gatera mísera,
sin ver el campo ni la calle nunca;
y eras una resaca polvorienta de utensilios
inútiles, que el mar embravecido, sin agua, de la vida
traía hacia ti con sequedad, sin persuasión,
y se llevaba luego, en revesada
marea,
tan rápida, aunque inmóvil,
tan breve, aunque infinita;
los llevaba, repito,
sin interrumpir la quietud de esos enseres, su manso
    estar, su arrumbado yacer,
y los arrebataba de tu lado sin trasladarlos ni moverlos,
sin que cayese una sola hoja de un árbol, ni se cambiase
    de lugar un libro

en una habitación, tras una puerta que nadie trasponía;
y los arrastraba inmóvilmente, con delicadeza,
con levedad sagaz, a la mar honda, a la mar plena,
en donde quietos todavía, lejanos,
los mirabas aún, inalcanzables, con espumas remotas ya,
   rielar;
y veías brillar, por algún sitio, lejos,
algo que pudo ser, acaso, para ti,
una madera
pulida, un noble sueño, el apagado tono de un pálido
   marfil...

EL JOVEN NO ENVEJECE JAMÁS [9]

...No hay en ellos huella de tiempo. ¿Pertenecen acaso a un reino diferente, hecho de incorrupción?

EL joven
no envejece jamás. Como una piedra
pulida, como una dura
conclusión,
como una matemática presencia,
esencia terminante que resiste
sin fin
a la tenaz marea
honda del mundo,
al revuelto temor, a la insaciable dicha,
a la realidad turbia
del deseo, al ingrato oleaje
sin reconciliación y sin memoria;
como una piedra, digo, o una estatua

---

[9] Compárese este poema con el titulado «Vosotros, hombres, pesáis duros», de mi libro *Primavera de la muerte*. La idea es exactamente idéntica en los dos casos, y lo único que varía es la perspectiva, como corresponde a la diferente edad en que cada uno de tales poemas fue escrito. En el poema de *Primavera de la muerte* el adolescente es el poeta. En el poema de *Las monedas contra la losa*, los adolescentes son los otros. Pero la visión de la adolescencia es la misma.

abrasadora de diamante, el joven
límpidamente existe.

A su través se ve el espacio nítido,
la complacencia de la luz se ofrece.
Un aire con palomas se dispersa
por la gracia de un valle. Un río corre,
refrescando las raíces del mundo.
El joven transparente no sonríe:
es, sin compasión, duramente.
Esencia dura que simula espacio
accidental en tiempo sucesivo.

Simula sucesión, mas vive siempre
un punto más allá del suceder, en el límite mismo
donde empieza la luz,
ya por de fuera, aunque casi en la frontera suave
del innumerable suceso, del poderoso acontecer corrupto,
existiendo así al margen de la materia ingrata que se
   mueve
sinuosamente, serpentinamente
como siniestra ondulación. El joven está inmóvil,
puro, incontaminado,
como el cristal repele un agua lúcida.

El aguacero lúcido golpea
contra el cristal inteligente.
Vaso de sí, copa de sí hasta el borde
de una música, el coronado,
el cierto, el no mentido
yace, salvaguardando una verdad,
albergando una nota, una luz tersa
por los alcores luminosos...

MIENTRAS EN TU OFICINA RESPIRAS

Mientras en tu oficina respiras, bostezas, te abandonas,
    o dictas en tu clase una lección
ante extraños alumnos que fijamente te contemplan, con
    sueño aún en la temprana hora;
mientras hablas, mientras gesticulas en el café,
o inmóvil te concentras en la meditación
de tu escritorio, o echado en el hondo diván
repasas lentamente recuerdos de tu vida; mientras quieto
    te abismas en la visión de la llanura interminable,
    o mientras escribes una lenta palabra y te recreas en
    su dulce sonido, en su amorosa realidad;

caes, estás cayendo hacia atrás por una quebrada del
    monte,
estás rodando entre piedras y cardos por la abrupta
    pendiente
hacia un barranco en el que corre un río,
rápido como el viento un río corre,
estás herido en la boca, en las manos, el pecho,
sangras por un oído, te despeñas por el farallón
cabeza abajo,
con las piernas en abierto compás,
hacia el fondo, ya con los huesos rotos,
crispadas mano y boca, hacia el abismo, abajo,
súbitamente próximo,
escribes la palabra lentamente, te concentras, murmuras,

en el café discutes, muy despacio sonríes, adelanta
una noble razón,
aduces un adorno, un tejido, un recamado oro,
hablando en la tarima de tu clase diserta,

donde todos están cabeza abajo.

EL EQUILIBRISTA

En varias religiones el acto de escupir a menudo posee un
carácter sagrado que confiere al sujeto favorecido por
tan alto don
honor y todo un surtido de recompensas:
bastones de enebro para provocar, según el caso y la
estación, la enfermedad o la lluvia,
la envidia o el innoble placer de ser fiel a la mujer
amada,
cintas genéticas que impiden el aborto, o, al revés, lo
suscitan, en medio del general entusiasmo;
sustancias y hierbas que dan al iracundo una larga calma
marina
o le orean con brisas bonancibles por donde cruza solitario
un velero,
un largo sueño, un río;

no me dejeis decir lo que yo haría con todo esto,
con todo este poder acumulado en mis dedos magnéticos,
lo que yo haría con mi sombra, hecha trizas a veces a
causa de mi coloreada ansiedad,
lo que yo haría con un puñado de muerte, como arena
hasta el fondo
de mí mismo,
con el bochorno de ser hombre y morir,
lo que yo haría con todas las guitarras azules
sonando al mismo tiempo en el atardecer ensordecedor
y profundo,

lo que yo haría con todas las campanas que voltean al
    unísono sobre la ciudad sus infinitos gritos de som-
    bra, su enloquecedora elocuencia,
que vuelcan simultáneas en el arenal su agua turbia,
su agua pegajosa y tenaz, su agua terca;

es así como yo me las compongo para no morir,
miradme, vedme, soy el equilibrista famoso de una tarde
    de circo,
contemplad sobre todo mi vestido de color carmesí, mi
    curiosa sonrisa
en lo alto, mis dientes,
no puedo caer a la pista porque el hilo que me sostiene
    es sutil,
es tan delgado y frágil que no puedo caer,
no puedo caer, retenedlo, porque el sombrero de esa
    señora es azul o encarnado, porque el sueño es azul
como un río,
un río que va a dar en la mar, y no puedo caer en la mar
desde aquí,
Afortunadamente no hay olas, ni se encrespa el abismo.
No hay olas, no hay espumas, ni siquiera arenilla, hay
    tan sólo quietud,
una enorme quietud, todos callan de pronto
allá abajo,
un enorme silencio
me rodea, allá abajo,
porque soy
el equilibrista famoso
de una tarde de circo.

POÉTICA [10]

De un sólo golpe hacer surgir las cosas
múltiples, simultáneas, como un río.
Decir «te odio», «no», «borrasca», «frío»,
y entender, además, con eso, «rosas»,

maravillosas rosas mariposas
del alma, fuego azul, extraño envío
de un pájaro que siendo atroz navío
fuese los aires y las olas rosas.

Que en tu palabra surja el mar o el viento
como huracán que, aquí, sopla en Bagdad.
Dentro de un siglo resonó el momento

este, en este reloj de esta ciudad,
veloz como quietud o arrobamiento.
Sé la mentira y séla de verdad.

---

[10] Este poema se publicó con importantes erratas que luego
siguieron repitiéndose en nuevas ediciones. La versión que doy
aquí es, pues la legítima y la fiel al original.

LA NUEVA MIRADA

DAME la mano, sufrimiento, dolor, mi viejo amigo.
Dame la mano una vez más y sé otra vez mi compañero,
como lo fuiste tantas veces en el oscuro atardecer.
Cruzaban las gaviotas sobre el cielo,
se ennegrecía el mar con la tormenta próxima.
Dame la mano una vez más, pues ahora sé
lo que entonces no supe. Sé recibirte sin rencor
ni reproche. Acepto tu visita oscura.

Es en mis ojos, sufrimiento, dolor,
donde laboras tu más fino quehacer,
donde ejercitas tu destreza, tu habilidad
de orfebre
sin par. Allí
depositas al fin tu redención, pones como sobre un
    altar,
con delicadeza extremada,
tu hechura exquisita, y alzas, en medio de la noche, el
    milagro
lentamente a los cielos, la joya finísima,
el espectáculo de oro,
trabajado sin prisa, acumulada realidad que acomodas
    después
a mi nueva mirada.
Y es así como ahora, tras tu trabajo en la honda cueva,
en la recóndita guarida donde yo padecí tu febril crea-
    ción,

es así como ahora
puedo mirar,
tras el mundo habitual, un mundo ardiente.

Arden las llamas del color tras el gris habitual,
tras de la oscuridad se encarniza la luz, se redondea el
  rosa, esplende el animado carmín,
y todavía más allá, tras la trascendida apariencia, se ve
de otro modo, transparentándose hacia una eternidad,
un país nuevo.

Un país nuevo, inmóvil en la luz,
tras de la oscuridad de mi agitada noche.

DESDE EL BORDE DE UN LIBRO

A Elisa y Juan Luis Prieto

ESTOY aquí mirando el vuelo de las golondrinas, el
 lento deslizarse de las nubes
pausadas,
el paso errante de la multitud que camina
buscando con desazón en el aire una cosa,
algo en los escaparates luminosos de la ciudad, algo que
 pudiese sonar entre la luz, o permanecer
en el viento. Algo como un jazmín
o una forma redondeada, como si fuese
una perentoria necesidad, o bien, de otro modo,
un grito de socorro en el bosque,
un jadear perdido en la inmensidad,
v en la soledad, o en la ruina.
Y estoy aquí, y todavía miro, y contemplo, y vuelvo a
 mirar,
v toco con fatalidad los cartílagos, los huesos
inmóviles, básicos,
que parecen responder a una pregunta, las rodillas
más tenaces en su respuesta, el hondo clamor
de mi sién, donde siempre fulgura el mañana
v brilla siempre el sol del atardecer en que estoy.
Mirad las colinas a lo lejos, doradas,
las serpentinas caprichosas de la cambiante luz,

191

el grito de mi corazón prolongado hacia arriba, en la
    tarde,
subido en la gloriosa cresta, más alto,
como águila que renaciese devorando la luz,
el inmenso corazón del espacio.

       Ah, dejadme mirar,
dejadme contemplar la súbita realidad de la encendida
    memoria,
el inflamado recuerdo rojizo, como astilla que se re-
    tuerce torturada en la llama,
las lóbregas lenguas del fuego devorando acaso una ha-
    bitación de un hotel,
donde aún en un lecho, infinitamente tendidos, dos cuer-
    pos minuciosamente se aman, con tenacidad conta-
    giosa,
con escrupulosa obstinación, en el tiempo, sólo por una
    vez, todavía.
Dejadme contemplar el dolor que llegó, como siempre
    al fin llega,
con puntualidad y exactitud descortés en la hora mortal,
y luego la vertiginosa caída en la inmóvil meditación,
en la velocísima tregua del pensamiento
que puede recorrer todo un día, jadeante, hacia atrás, la
    inexorable planicie de la misma pregunta,
la desértica desazón arenosa
donde el sol no se pone jamás.

       Oh, dejadme
mirar lo que he sido
en el camino polvoriento hacia hoy,
las rocas escarpadas hacia mí, en el desierto,
los levantados gritos que me anunciaban
como estando aquí ahora,
los gemidos horribles de mi esperanza, las quejas de mi
    plenitud, maduradas cual uvas
pisadas por muchos pies en la sombra.

       Oh, dejadme mirar
cómo danzan alegres esos pies sobre la cosecha
de vid, estrujando sin piedad todo el fruto, dejadme
ver

cómo chorrea, bajo las insistentes plantas gozosas,
el jugo entero de mi razón, mi terriza ansiedad,
mi pataleada esperanza,
y toda mi madurez derretida.

Oh, vedme, la cosecha está aquí,
tenebrosa como vino. Aunque oscuro,
os lo ofrezco.

Colección Letras Hispánicas

DE INMINENTE APARICIÓN